Marion Renk-Rosenthal

KALIFORNIEN

USA

360° medien

IMPRESSUM

Kalifornien – USA
50 Tipps abseits der ausgetretenen Pfade
Marion Renk-Rosenthal

Nachtigallenweg 1 | 40822 Mettmann
360grad-medien.de

Redaktion und Lektorat: 360° medien

Satz und Layout: Elke Gräfe

Gedruckt und gebunden:
LD Medienhaus | Hansaring 118 | 48268 Greven | www.ld-medienhaus.de

Bildnachweis: siehe Seite 256

ISBN: 978-3-96855-279-8
Hergestellt in Deutschland

360grad-medien.de

Marion Renk-Rosenthal

KALIFORNIEN

USA

360° medien

VORWORT

„In Kalifornien reist man nicht nur von Ort zu Ort,
sondern von Erlebnis zu Erlebnis,
von Wunder zu Wunder."

John Muir

Dieses Reisebuchprojekt ist ein Traum für mich! Ich habe Angewandte Sprachen studiert, mit dem Ziel, im Tourismus zu arbeiten. Und dann bin ich rein zufällig als Redakteurin und Produzentin in den Medien gelandet. Dieses Buch, Kalifornien „abseits der ausgetretenen Pfade" bringt die Fäden meines Lebens zusammen und erlaubt es mir, meine Leidenschaft für Kalifornien und das Reisen mit dem Erzählen von Geschichten zu verbinden.

Seit fast 40 Jahren lebe ich in Südkalifornien und reise als Autorin, Produzentin und Reiseleiterin sowie auch privat durch den Westen der USA. Meine Arbeit als Reiseleiterin macht mir besonders viel Spaß, weil ich sehr gerne meine Gäste mit maßgeschneiderten individuellen Erlebnissen überrasche, die ihnen neue, unbekannte Seiten des so berühmten Staates nahebringen.

In diesem Buch darf ich meine persönlichen Geheimtipps mit Ihnen teilen und ich hoffe, dass Sie einige neue Erlebnisse einbauen. Bei den Tipps ist alles dabei, von noch immer wunderschöner, ungestörter Natur bis zu Geheimtipps in den Städten, wo Sie dem Massentourismus entgehen können.

2020 habe ich mit der ersten Ausgabe begonnen. Glücklicherweise hatten wir einen Wohnwagen. So konnte ich die generelle Zwangspause gut für die erste Recherche nutzen, um die mir schon bekannten Gebiete wieder zu besuchen und neue Erfahrungen vom hohen Norden bis an die mexikanische Grenze zu entdecken. Seit Anfang 2022 bin ich auch beruflich im ganzen Staat wieder viel unterwegs, journalistisch und auch touristisch.

Es hat sich viel durch die Pandemie verändert. Die sozialen Folgen dieser Ausnahmesituation machen sich in den Ballungsgebieten deutlich bemerkbar. Vielleicht haben Sie in den Medien und auf Social Media Berichte über Obdachlosigkeit und steigende Kriminalität gesehen. Diverse Naturkatastrophen, von Waldbränden bis zu Erdrutschen und Fluten, haben dem gesamten Staat in den letzten zwei Jahren schwer zugesetzt. Viele Tourismusbetriebe haben stark gelitten, einige haben sich zusammengeschlossen, um zu überleben. In den Städten hat es insbesondere die Gastronomie und den Einzelhandel getroffen. Sehr viele kleinere Gaststätten und Geschäfte haben die Pandemie nicht überstanden.

#IchliebemeinenJob – die Recherche für die zweite Auflage war auch für mich eine Bereicherung. Jede „Ausrede", um einen ganzen Tag im San Diego Zoo zu verbringen, war mir jederzeit willkommen. Auch das „Probieren" der vielen Restaurants ist nicht wirklich harte Arbeit. Das angesagte Neo Soul Food Restaurant Alta Adams habe ich mit Freundinnen vor Kurzem wieder besucht. Es hat sich zu einem der wenigen Dauerbrenner der Food Szene in L.A. entwickelt.

Ich bin meinen Verlegern, Andreas Walter und Christine Walter, sehr dankbar für die Gelegenheit und Geduld, die zweite Auflage gründlich und detailliert bearbeiten zu können. Ein „Thank You" geht auch an alle meine Kontakte und Informationsquellen für die neuesten Tipps und Anregungen zu brandneuen Erlebnissen.

Ich danke Ihnen, liebe Leser, und hoffe, dass die zweite Auflage Sie inspiriert und bei der Planung und der Reise behilflich ist. Ich wünsche Ihnen eine wunderschöne Reise und positive Erinnerungen fürs Leben.

Marion Renk-Rosenthal

INHALTSVERZEICHNIS

Protestkunst in Chicano Park, San Diego

Aus Gründen der besseren Lesbarkeit wird auf eine geschlechtsneutrale Differenzierung verzichtet. Entsprechende Begriffe gelten im Sinne der Gleichbehandlung grundsätzlich für alle Geschlechter. Die verkürzte Sprachform beinhaltet keine Wertung.

WILLKOMMEN IN KALIFORNIEN!

Um diesen Staat und seine Kultur zu verstehen und die schönsten und unvergesslichsten Eindrücke richtig einzuordnen und mitzunehmen, lohnt sich ein Blick auf Geschichte und Entwicklung.

Alle US-Staaten haben einen Spitznamen. Kalifornien ist der „goldene Staat", aufgrund des Goldrausches und des goldenen Sonnenlichts. Ohne den Gold Rush wäre Kalifornien nie der Staat geworden, der er heute ist. Seit Beginn der Besiedlung – ernsthafter Bevölkerungswachstum wurde erst durch den Goldrausch 1848/49 ausgelöst – hat der Westen die abenteuerlustigsten, waghalsigsten und wohl auch unsolidesten Menschen und Träumer aus aller Welt angezogen.

Die Entwicklung lief im Zeitraffer-Tempo ab. Im März 1848 lebten hier 110.000 Native Americans und knapp 8000 Zugezogene, darunter 7000 Menschen mexikanisch-spanischen Ursprungs, 700 Amerikaner und 200 Europäer. Alle wirtschaftlichen Aktivitäten spielten sich im Norden ab. Die südkalifornische Wüste war so gut wie leer, abgesehen von einigen spanischen Missionen entlang dem küstennahen Camino Real und den Natives in den Bergen und Wüsten. Zum Ende des Jahres lebten hier bereits 20.000 Menschen. Ein Jahr später, Ende 1849, waren 100.000 Zugezogene hier angesiedelt. Von 1860 bis 1920 explodierte die Bevölkerung geradezu, von 380.000 auf 3,5 Millionen. Heute, hundert Jahre später, sind es knapp 40 Millionen!

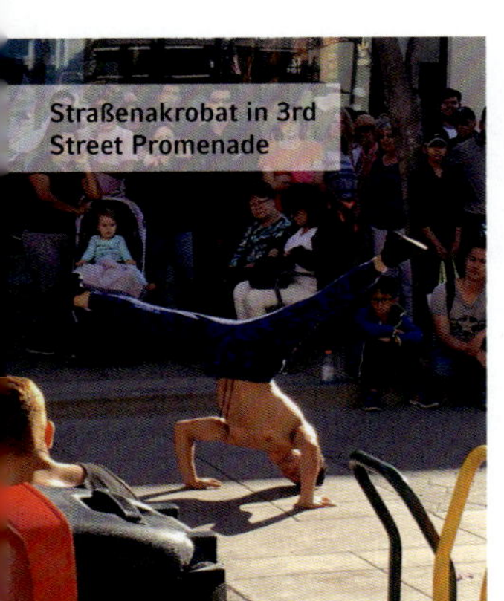
Straßenakrobat in 3rd Street Promenade

Mehrere Faktoren spielten dabei eine Rolle: Der Goldrausch machte weltweit Schlagzeilen und zog Asiaten und Südamerikaner an, die auf dem Seeweg die Westküste erreichen konnten. Der Anschluss an das Eisenbahnsystem im

November 1869 beendete die lebensgefährliche, monatelange Planwagen-Fahrt durch den gesamten Wilden Westen und erschloss das Gebiet für Siedler aus dem Osten. Und: Im späten 19. Jahrhundert emigrierten 60 Millionen Europäer. 71 Prozent siedelten sich in Nordamerika an. Kalifornien lockte mit fast grenzenlosen Möglichkeiten in der Agrikultur, mit einem Klima, das im Gegensatz zu Europa rund ums Jahr Anbau und Ernten ermöglichte.

Abendstimmung im Pacific Park Santa Monica

Der erste engere Kontakt mit europäischer Kultur – der nicht immer friedlich ablief –, war die Eroberung der Westküste entlang des Camino Real durch spanische Missionare. 1769 entstand die erste Mission im heutigen San Diego. Die Missionare brachten auch den Namen mit: „California" war der Name einer fiktiven, paradiesischen Insel in einem spanischen Liebesroman, „Las Sergas de Esplandían" von Garci de Rodriguez de Montalvo, der in seinem Roman eine tropische Insel namens California unter der Herrschaft der Königin Calafia beschrieb. Spanische Eroberer des 16. Jahrhunderts dachten, die mythische Insel gefunden zu haben.

Bis zum heutigen Tage ist die spanische Sprache und Kultur besonders in Südkalifornien dominant. Auf der Straße, in Geschäften und Restaurants hört man mehr Spanisch als Englisch. Tacos sind der beliebteste schnelle Snack, der Día de los Muertos am 1. November wird sehr groß und auch offiziell gefeiert. Los Angeles hat genauso viele spanischsprachige Radio- und Fernsehsender wie Mexiko. Die Debatte um Grenze und Einwanderung fällt hier dadurch anders aus als in grenzfernen Staaten. Amerikaner mexikanischer Abstammung sehen Kalifornien historisch und kulturell einfach als „Alta California", einen Teil der alten Heimat.

Im Großraum Los Angeles werden etwa 140 Fremdsprachen gesprochen. Hier befindet sich die größte Thai-Gemeinde außerhalb Thailands, die größte vietnamesische Stadt, die größte japanische Gemeinde der USA, und so weiter. Diese Vielfalt spiegelt sich in Unterhaltung, Mode, Essen, Kunst, Musik und Alltag wider.

Als Besucher bemerken Sie schnell, dass die jeweiligen Stadtviertel dem kulturellen und sprachlichen Hintergrund ihrer Bewohner angepasst sind. Zum Beispiel haben die Geschäfte entlang des Wilshire Boulevard in Koreatown, ein sehr angesagtes Viertel, nur Firmenschilder in koreanischer Schrift. Genauso sieht es in Chinatown und Little Tokyo aus. Keine Sorge, Sie finden immer jemanden, der Englisch kann.

Die Vielfalt spiegelt sich auch in der Kulinarik wider. Genießen Sie das authentische Essen! Kalifornische Küche besteht aus einer Fusion der vielen ethnischen Gemeinden, und das beste Essen finden Sie häufig in den kleinen Familienrestaurants der Gegend. Star-Koch Roy Choi aus Koreatown kombinierte als erster die Grillfleisch-Rezepte seiner Mutter mit den Tacos der Familien seiner Freunde. Kogi BBQ war geboren, der kleine Food Truck war der Grundstein einer landesweiten Karriere. Sie finden die täglichen Standorte der Trucks auf X (Twitter) @KOGIBBQ. Angelenos sind auch überzeugt, das beste mexikanische Essen der Welt zu haben.

San Francisco hingegen kann mit seinem chinesischen und italienischen Essen und den exzellenten Fisch- und Meeresfrüchte-Restaurants aufwarten. Selbst einige Restaurants im Touristenzentrum bei Fisherman's Wharf sind empfehlenswert. Aber auch im Landesinneren und in den Bergen, Wüsten und Wäldern finden Sie immer gute Restaurants mit frischer Küche.

Calypso Tumblers Show Venice Beach

Kalifornien ist der drittgrößte Staat mit 423.966 Quadratkilometern und damit größer als Deutschland. Mit fast 40 Millionen Einwohnern steht Kalifornien an erster Stelle der USA. Allerdings ist die Besiedlung nicht ausgewogen verteilt. Um die 30 Millionen leben in den küstennahen Metropolen. Nur zehn Millionen sind im restlichen Staat verteilt.

Venice im Morgengrauen

Die großen Industriezweige sind Unterhaltung, Technologie, Mode, Tourismus, Immobilien und Landwirtschaft. In Kalifornien werden 40 Prozent des Gemüses, der Milchprodukte, von Obst und Nüssen des gesamten Landes angebaut und verarbeitet, hier wächst die einzige Bio-Baumwolle des Landes.

Kalifornien ist ein Staat der Extreme. Er hat 16 Klimazonen, mehr als jeder andere Staat – in Lake Tahoe trainieren die Stars der Olympischen Winterspiele; am selben Tag genießen die Surfer in Malibu und San Clemente das Wellenreiten. Hier liegen der höchste, der tiefste sowie der heißeste Punkt der kontinentalen Staaten. Zudem findet man in Kalifornien die ältesten, höchsten und umfangreichsten Bäume der Welt.

Kalifornier haben nicht nur unter Amerikanern aus anderen Regionen den Ruf, etwas verrückter, unkonventioneller und freier zu sein. Nicht umsonst begannen hier die Beatnik- und Hippie-Bewegungen. Das fördert die Kreativität: Apple Computer, PayPal, die Barbie Puppe, das Space Shuttle, iPhones, Levi's Jeans, Neopren-Anzüge, Videorekorder, der Martini Drink, McDonald's, Burger King, der Hula-Hoop-Reifen und das Nikotinpflaster sind wenige Beispiele der hier erfundenen Errungenschaften unserer Zivilisation. Google, Yahoo, Facebook, X, Netflix ... Das tägliche Leben in der ganzen Welt wird von Produkten und Technologien aus Kalifornien gesteuert.

Aber die Schönheit des Staates erschließt sich in der Natur und in den Menschen.

TOP 10

DER SEHENSWÜRDIGKEITEN IN KALIFORNIEN

1 **Golden Gate Bridge** Die am häufigsten fotografierte Brücke der Welt ist gar nicht golden, sondern orangerot. Die Farbe sticht am besten vom Nebel ab. Seit 1937 verbindet sie San Francisco mit Marin County. Die 1,6 Kilometer lange Hängebrücke wird jährlich von zehn Millionen Menschen besucht. Das Wetter ändert sich hier sehr schnell, es kann innerhalb von Minuten von sonnig und mild auf kalt und nebelig wechseln. Vom Besucherparkplatz auf der Nordseite der Brücke haben Sie einen sehr schönen Blick auf die Bucht, Alcatraz und die Skyline von San Francisco.

2 **Chinatown San Francisco** Chinatown ist die älteste chinesische Gemeinde Nordamerikas. Und auch die Schönste: Die engen Gassen und hügeligen Straßen sind sehr fotogen. Seit 1970 schützen die Drachen des Drachentors am südlichen Ende von Chinatown entlang der Grant Avenue die Gemeinde. Das Tor ist ein guter Ausgangspunkt, um die nähere Umgebung zu erkunden. Mit seinen

Steinsäulen, grün gefliesten Pagoden und Drachenskulpturen ist es das einzige authentische Chinatown-Tor des Landes. In Chinatown findet man die besten Souvenirs zu guten Preisen. Das Viertel ist unter Einheimischen angesagt. Junge Bewohner haben das Viertel mit modernen Boutiquen, Nachtclubs, Bars und Lounges wiederbelebt.

---

3 **Monterey Peninsula** Der 17-Mile-Drive, das Monterey Bay Aquarium und die Kleinstadt Carmel haben diese landschaftlich wunderschöne Bucht weltberühmt gemacht. Nicht verpassen sollte man einen Tag im Aquarium, das mit dem weltweit führenden Meeresbiologieforschungszentrum verbunden ist. Das Unterwassertal in der Bucht ist bis zu 1500 Meter tief. Der eigens hier entwickelte Forschung-Rover Benthic macht die Entdeckung der letzten unbekannten Gegend der Welt, den tiefsten Tiefen der Ozeane, möglich. An der Oberfläche, direkt vor den Restaurant-Terrassen der Cannery Row (John Steinbeck lässt im gleichnamigen Roman die Zeit der 1920/30er-Jahre in Monterey aufleben) tummeln sich die sehr niedlichen Seeotter, die vom Aussterben bedroht sind. Mittagessen mit natürlicher Unterhaltung!

---

4 **Highway 1 – Big Sur** Eine der berühmtesten Panoramastrecken der Welt: Highway 1 von Carmel bis Morro Bay, die kurvigste Strecke der zentralen kalifornischen Küste. In Big Sur laden die Henry Miller Library und das esoterische Esalen Institute, Mitbegründer des „Human Potential Movement" der 1960er-Jahre, zum Verweilen ein.

5 **Yosemite Valley** So schön, dass Präsident Abraham Lincoln 1864 den „Yosemite Grant Act" unterzeichnete. Es war das erste Mal, dass die US-Bundesregierung Land speziell für die Erhaltung und öffentliche Nutzung gesetzlich schützte. Weiße Pioniere „entdeckten" das Haupttal 1851 bei der Verfolgung der ansässigen Native Americans. Die Felsformationen Half Dome und El Capitan sind beliebt unter Felskletterern. Im Frühjahr bildet der schmelzende Schnee mehrere Wasserfälle. Das Tal ist vom Westen her rund ums Jahr zugänglich, die Tioga Road wird im Winter je nach Schneebedingungen jedoch geschlossen.

6 **Hidden Valley – Joshua Tree National Park** Die mondähnliche Landschaft setzt sich von allen anderen Gegenden des Westens ab. Die Felsformationen und Joshua Trees sind einzigartig und nur hier zu finden. Seit 1994 ist dieser Teil der Hochwüste Nationalpark. Hidden Valley ist eine einfache, 1,6 Kilometer lange Rundwanderung durch einen von Felsen umringten Talkessel, der Cowboys sowie Rinder- und Pferdediebe anzog. Auch Skull Rock und die großen Joshua-Tree-Wälder nahe Sheep

Pass lohnen einen Stopp. Von Keys View sieht man bei klarem Himmel das gesamte Coachella Valley bis Salton Sea und die berühmte San-Andreas-Verwerfung.

---

7 **Santa Barbara** Die repräsentativen Gebäude im spanischen Kolonialstil von Santa Barbara ziehen VIPs und Reiche magnetisch an. Die ganze edle Ortschaft liegt an einer beeindruckenden Bucht mit Sandstrand, mit den Santa-Ynez-Bergen als steilem, dramatischem Hintergrund. Die Innenstadt lockt mit exklusiven Läden, Cafés und Restaurants in fußgängerfreundlicher Atmosphäre und stilvoller kalifornischer Architektur. Der Gerichtshof ist bekannt als schönstes öffentliches Gebäude des Landes. Die Mission, ein Museum, hat die beste Sicht über Stadt und Pazifik.

8 **Hollywood** Synonym der Filmindustrie und Zuhause einer der berühmtesten Straßen der Welt, dem Hollywood Boulevard, und dem wohl bekanntesten Schriftzug in den Bergen, sowie dem „Walk of Fame". Hier ist immer etwas los. Der „Walk of Fame" zieht jährlich zehn Millionen Besucher aus aller Welt an. Jedes Jahr werden 15 neue Sterne vergeben, immer wochentags um 11:30 Uhr und in Anwesenheit des Stars. Daten und Namen werden auf X @wofstargirl bekannt gegeben. Interessanter ist die Filmgeschichte, die hier geschrieben wurde und die man hier hautnah erleben kann. Die geführten Touren im historischen Chinesischen Theater und im Dolby, wo die Oscar-Zeremonie stattfindet, bieten einen spannenden Einblick in die Welt des Glamours.

9 **Rodeo Drive** Einkaufen gehen hier nur wenige, aber die exklusive Einkaufsstraße im Zentrum der Stadt Beverly Hills bietet Luxus pur zum Ansehen. Nur einen halben Kilometer lang, aber ein berühmter Name nach dem anderen schmücken die Fassaden. Das Schaufensterdekor lockt. Preisschilder sind verpönt, denn wer fragen muss, kann es sich eh nicht erlauben. Auf der schmalen Straße selbst sind Tourbusse verboten, weil sie den Verkehr zu sehr behinderten. Dafür brummen junge Männer mit ihren italienischen und englischen Sportwagen auf und ab. Auf

dem Bürgersteig wandeln elegante Damen, die Touristen die Gelegenheit geben, die Resultate der neuesten Techniken der Schönheitschirurgie zu bewundern. Nördlich von Santa Monica Boulevard beginnt das Villenviertel, das hier für die Öffentlichkeit zugänglich ist. Ein Spaziergang im Schatten der Baumallee in einem der teuersten Stadtviertel der Welt verschafft weitere schöne Erinnerungen.

10

San Diego Zoo Zoologen, Tierschützer und Touristen scheinen sich einig zu sein. Der San Diego Zoo liegt auf Platz 1 vieler Listen der besten Zoos der Welt. Er liegt mitten im Balboa Park im Zentrum von San Diego und beherbergt über 15.000 Tiere von mehr als 650 gefährdeten und seltenen Arten und Unterarten auf etwa hundert Hektar, die von der Stadt gepachtet wurden. Der Park gehört zu einer zoologischen Gesellschaft, die auch den Safari Park und CRES (Conservation and Research for Endangered Species) umfassen. Als Besucher genießen Sie einen Tag in einem landschaftlich schönen, hügeligen Gelände – die Skyfari-Gondel ist sehr zu empfehlen. Von oben können Sie die Bewohner mit perfektem Überblick beobachten. Die Gehege sind frei von Zäunen und Beispiel der besten Haltung, dem Ursprungsland der Tiere angepasst und artgerecht. Besonders schön ist der Lost Forest und das riesige Africa Rocks Areal. Koalas kann man ganz nah erleben. Sie sitzen gemütlich in ihren Eukalyptusbäumen. Der Zoo ist eine Non-Profit Organisation und alle Einnahmen unterstützen die Tier- und Naturerhaltung.

KURIOSES & BESONDERHEITEN

IN KALIFORNIEN

Hier sind alle Rekordbäume der Welt versammelt: Den ältesten Baum, eine Bristlecone-Pinie, findet man in den White Mountains, westlich von Death Valley. Der höchste Baum ist ein Redwood im Redwood National Park, in der Nähe von Crescent City. Und der „General Sherman", ein Mammut-Sequoia im Sequoia National Park, ist der umfangreichste seiner Art.

Geografische Extreme: Der höchste Berg, Mount Whitney, liegt nur 210 Kilometer westlich vom tiefsten Punkt des Landes, Badwater Basin im Death Valley, 85 Meter unter dem Meeresspiegel, entfernt. Extremsportler lieben diese Wanderstrecke.

Das Death Valley hält den Hitzerekord der Welt, mit der wissenschaftlich bestätigten Messung von 57 Grad Celsius.

Den merkwürdigsten Straßennamen hat die Zzyzx Road. 1944 beschloss Curtis Springer, ein Radioprediger aus Los Angeles, ein Gebiet, das wegen dort entdeckter Mineralquellen offiziell als Soda Springs bekannt war, in ein Resort zu verwandeln. Nachdem er einen Antrag auf Bergbau bei der Regierung eingereicht hatte, erhielt er die unter falschen Voraussetzungen erschlichene Erlaubnis, das Land zu nutzen, und nannte es Zzyzx, weil er den letzten Eintrag in jeglichen Auflistungen und Wörterbüchern haben wollte. Als der Betrug in den 1970er-Jahren auffiel, wurde das Land vom Staat übernommen und dem Universitätssystem als Zentrum für wissenschaftliche Arbeit in der Wüste zugeteilt. Und wie spricht man es aus?„Zei-Zicks" ist korrekt.

Kalifornien hat die meisten Nationalparks aller Staaten, neun insgesamt. Viele sind schnell zu erreichen, da sie nah an den weltberühmten Metropolen liegen.

Das skurrilste Dorf des Staates ist zweifelsohne Baker mit 553 Einwohnern. Es liegt mitten in der Mojave Desert, aber direkt am I-15. Das Dorf weiß sich zu gut zu verkaufen. Abgesehen von Tankstellen und Fast Food gibt es hier mehrere Attraktionen, die man von Weitem sehen kann wie das größte Thermometer der Welt, 41 Meter hoch, und „Alien Jerky", das mit Raumschifffassade lockt. Und last but not least: der Country „Lucky Lotto"-Store an der Tankstelle hat mit neun Lottogewinnern, die über je eine Million Dollar gewonnen haben, den Rekord der meisten verkauften Gewinnscheine des Staates. Da hat man nach den Verlusten in Las Vegas eine neue Chance.

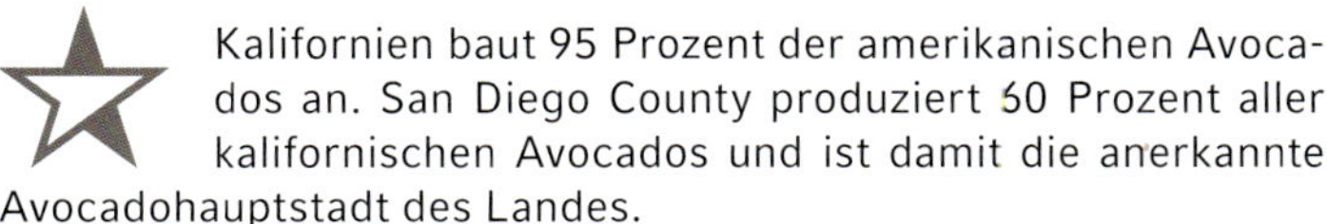

Kalifornien baut 95 Prozent der amerikanischen Avocados an. San Diego County produziert 60 Prozent aller kalifornischen Avocados und ist damit die anerkannte Avocadohauptstadt des Landes.

Seit 1987 sind die Vereinigten Staaten der größte Mandelproduzent weltweit. Der Erfolg der kalifornischen Ernte in der weltweiten Mandelproduktion ist zu einem großen Teil auf den Einsatz von Bewässerung und Mechanisierung zurückzuführen, was zu höheren Erträgen und Kosteneffizienz führt. 80 Prozent aller Mandeln der Welt kommen aus Kalifornien; der Staat liefert 98,5 Prozent aller Mandeln auf dem amerikanischem Markt.

Ein Teil Kaliforniens, nahe San Francisco, war ein unabhängiges Land – für vier Wochen im Juni/Juli 1846. Während des Bärenflaggen-Aufstands rebellierte eine kleine Gruppe amerikanischer Siedler gegen die mexikanische Regierung und erklärte Kalifornien zur California Republic, einer unabhängigen Republik. Sie wurden schnell von der amerikanisch-kalifornischen Armee eingemeindet, die Kalifornien im Sommer 1846 besetzte.

In Carmel müssen Frauen eine Genehmigung haben, Absätze mit einer Höhe von mehr als 5,08 Zentimeter zu tragen. Dieses Gesetz wurde verfasst, um die Stadt vor gerichtlichen Klagen über Unfälle auf den unebenen Bürgersteigen zu schützen. Die örtliche Polizei ahndet Verstöße jedoch nicht ...

San Diego ist die einzige Stadt der Welt, die einen jährlichen Hunde-Surf-Wettbewerb, den „Surf Dog Surf-A-Thon", veranstaltet. Die vierbeinigen Teilnehmer werden nach Größe in drei Klassen aufgeteilt und nach der Länge der Welle und der Form beurteilt. Das Event ist eine Spendenaktion für ein Tierheim.

In den 1890er-Jahren wurden Ölfelder unter Los Angeles entdeckt, und 1930 war Kalifornien für ein Viertel der weltweiten Erdölproduktion verantwortlich. Heute steht der Staat bei der Olförderung in den USA an siebter Stelle.

Seit 2018 ist Surfen offizieller Sport des Staates Kalifornien und wird in vielen Schulen auch als Sportunterricht angeboten. Es ist leicht zu verstehen, warum die Politiker dieses Gesetz erließen, das Surfen fördert und schützt: Die Surf-Industrie setzt weltweit jährlich etwa 22 Milliarden Dollar um, davon etwa 8 Milliarden alleine in den USA.

Bagdad Café: Ein deutscher Kultfilm aus dem Jahr 1987 reichte, um dieses kitschige, verstaubte, etwas heruntergekommene Wüsten-Restaurant auf einem fast vergessenen Teil der Route 66 zu einer internationalen Touristenattraktion zu machen. Das Café in Newberry Springs ist benannt nach dem Percy-Adlon-Film mit Marianne Sägebrecht in der Hauptrolle, 95 Prozent aller Besucher sind Europäer, größtenteils Franzosen und Deutsche.

Kalifornien ist Hotspot für biologische Vielfalt. Hier gibt es mehr Pflanzen- und Tierarten als in allen anderen Staaten und die höchste Anzahl von Arten, die nirgendwo sonst zu finden sind. Dieser Reichtum erstreckt sich über den gesamten Staat – von der Küste bis zu den Bergen, durch Täler und Wüsten, in Städten und auf dem Land.

KANADA
USA
Ottawa
OREGON
New York
Salt Lake City
NEVADA
Washington
Denver
KALIFORNIEN
Atlantischer Ozean
Las Vegas
Los Angeles
ARIZONA
Atlanta
Pazifischer Ozean
MEXIKO
Miami
Nassau
Mexiko Stadt
Guatemala-Stadt
Karibisches Meer

OREGON
IDAHO
Eureka
Redding
Susanville
Chico
Reno
Ukiah
Yuba City
NEVADA
USA
Santa
Rosa
Sacramento
Vacaville
Stockton
Modesto
San Jose
Merced
Fresno
Salinas
Visalia
Pahrump
Las Vegas
KALIFORNIEN
ARIZONA
Paso
Robles
Pazifischer
Ozean
Santa
Maria
Lancaster
Oxnard
Riverside
Long
Beach
Indio
Blythe
Oceanside
San Diego
Mexicali
Tijuana
MEXIKO
Golf von
Kaliforni

Der hohe Norden

Point Cabrillo Lighthouse

Der hohe Norden

1. Jedediah Smith Redwoods State Park: riesige Mammutbäume
2. Klamath River Overlook: atemberaubender Blick
3. Es grünt so grün: die beste Cannabis-Tour
4. Ferndale: viktorianische Architektur in wunderschöner Landschaft
5. Die schönsten Strände an der Küste des hohen Nordens
6. Russian River Brewing Company: Double IPA und Triple IPA
7. Ein Tag mit Snoopy und den Peanuts: im Charles M. Schulz Museum
8. Weinprobe mal anders: Winzer sein, Falken hautnah erleben und Traubenstampfen im Napa Valley

OREGON
Tulelake
Happy Camp
Crescent City
1
Yreka
Montague
2
Etna
Weed
Mt Shasta
Dunsmuir
McCloud
101
89
McKinleyville
3
Burney
Eureka
Arcata
299
299
Weaverville
Fields Landing
4
Shasta Lake
Fortuna
Hayfork
Redding
Rio Dell
Anderson
Weott
5
Red Bluff
Redway
Garberville
Proberta
KALIFORNIEN
Corning
Pazifischer Ozean
Covelo
Orland
Chico
5
Willows
Fort Bragg
Willits
Redwood Valley
Ukiah
Nice
Williams
Lakeport
Yuba City
Clearlake
Dunnigan
Cloverdale
Guinda
Gualala
Middletown
Roseville
101
Healdsburg
Sacramento
7
6
Windsor
Rutherford
Davis
8
Graton
Santa Rosa
Vacaville
Tomales
Fairfield
Petaluma
Napa
Novato

1. Jedediah Smith Redwoods State Park: riesige Mammutbäume

Eine Wanderung oder ein Spaziergang im Schatten der bis zu 2000 Jahre alten Mammutbäume im Jedediah Smith Redwoods State Park, der zum System der Redwood National Parks gehört, ist ein unbeschreibliches Erlebnis. Im Zuhause des „Grove of Titans", des Hain der Riesen, steht der Hyperion, mit 115 Metern der höchste Baum der Welt. Aus Sicherheitsgründen wird die genaue Lage des Küstenrotholzbaums geheim gehalten.

Der Park ist über 42 Quadratkilometer groß. Sieben Prozent der noch bestehenden altgewachsenen Redwoods der Welt befinden sich hier. Die Landschaft ist teils steil hügelig und wild, karg besiedelt und saftig grün. Der aromatische Duft der Bäume durchdringt die ganze Gegend.

typische Maserknolle

Der Park bietet Wandermöglichkeiten für alle Fitnessgrade und Zeitspannen, von einer schwierigen Wanderung mit deutlichen Höhenunterschieden, die einen Tag in Anspruch nimmt, bis zu schönen Spaziergängen auf ebener, teils auch befestigter Strecke. Im Besucherzentrum werden Karten mit Beschreibungen der einzelnen Wanderungen angeboten.

Von Feuer ausgehöhlte Redwoods können überleben

Schilder warnen davor, die markierten Pfade und Wege zu verlassen. Dabei sollen sowohl Besucher wie auch die Natur geschützt werden. Zu viele Wanderer kamen in den letzten Jahren den Bäumen in dem Grove of Titans zu nahe und haben die Wurzelsysteme beschädigt, sodass der Park erhöhte Holzwanderwege und Schutzinstallationen errichtet hat. Vorsicht ist geboten: Begegnungen mit Schwarzbären, Pumas, Luchsen, Stinktieren und Kojoten können gefährlich werden. Sehr niedlich und harmlos sind hingegen Füchse, Rehwild, Biber, Otter, Eichhörnchen und Chipmunks (Streifenhörnchen).

Der Stout Memorial Grove Trail ist ein einfacher Pfad um eine der größten und ältesten Baumgruppen. Die Rundwanderung ist barrierefrei und 1,12 Kilometer lang. Man erreicht den Trail über die US-199 Richtung Osten, wobei man kurz nach Hiouchi rechts abbiegt auf die South Fork Road, die später zur Douglas Park Road, dann Howland Hill Road wird. Sie endet automatisch auf dem Parkplatz am Beginn des Weges. Es gibt einfache Toiletten.

Redwood Maserknolle

Der Mill Creek Trail gilt als moderat. Die gesamte Strecke ist knapp 14 Kilometer lang, mit einem Höhenunterschied von etwa 230 Metern. Nach circa 500 Metern muss man einen Nebenarm des Smith River überqueren, der nach Regenstürmen ein reißender Fluss wird. Gefallene Baumstämme bilden eine natürliche Brücke, aber bei Nässe steigt die Rutschgefahr. Der Pfad beginnt auf der anderen Seite des Parkplatzes vom Stout Memorial Grove Trail.

Wer seine Kräfte richtig testen möchte, dem ist der Hatton to Hiouchi to Mill Creek Trail zu empfehlen: 27,4 Kilometer lang, mit einem Anstieg von 650 Metern. Der markierte Wanderweg beginnt nur 3,2 Kilometer östlich von Crescent City. Über die US-199 Richtung Osten fahren, nach etwa fünf Minuten biegt man links ab auf den Waldweg Walker Road. Hier kann man parken, es gibt aber keine Toiletten. Der Hatton Trail beginnt auf der gegenüberliegenden Straßenseite und führt über den Hiouchi Trail zum Mill Creek Trail. Auf dieser langen Wanderung erlebt man verschiedene Landschaften: liebliche Wiesen, tiefe Redwoodbestände und steile Hügellagen.

Gefallene Redwoods liefern Nahrung für Farn

Angler auf dem Smith River

INFO

Lage: Del Norte County, nächste Stadt: Crescent City, CA. Jedediah Smith Visitor Center: im Park, 1460 US-199, Crescent City, CA 95531; Hiouchi Visitor Center: 1600 US-199, Crescent City, CA 95531

Anfahrt: US-199 von Crescent City in Richtung Osten den Schildern nach Grants Pass folgen. Es gibt mehrere Parkplätze. Der Hauptparkplatz und Karten gibt es am Hiouchi Visitor Center.

Öffnungszeiten: Rund ums Jahr geöffnet, der Park ist für Wanderungen von Sonnenaufgang bis Sonnenuntergang zugänglich.

Eintritt: frei

Websites:

- *parks.ca.gov/?page_id=413*
- *parks.ca.gov/pages/413/files/JedSmithRedwoodsSP_Web-Brochure2014.pdf*

Hinweise:

- Im Winter ist diese Gegend meistens schneefrei, jedoch gibt es hier oft Dauerregen.
- Besucher sollten Sicherheitshinweise beachten, um sich vor Bären zu schützen. Pfefferspray wirkt gegen Bären und Pumas.

2. Klamath River Overlook: atemberaubender Blick

Eine der schönsten Flussmündungen der Nordküste ist die des Klamath River im Yurok Reservat, eine halbe Stunde südlich von Crescent City und eine knappe Stunde nördlich von Eureka. Der Ausblick von der Küstenanhöhe ist auch bei trübem Wetter noch atemberaubend und den kleinen Abstecher wirklich wert.

Beim Abbiegen von US-101 kommt man im Land der Yurok Native Americans an, dem größten kalifornischen Stamm mit über 5000 Mitgliedern. In Nordkalifornien werden die Reservate, die verglichen mit denen im Südwesten sehr klein sind, Rancheria genannt. Die Yurok leben seit tausenden von Jahren hier. Der Stamm lebt vom Verkauf der Lachse aus der Fischerei, Jagen, von den Einkünften eines kleinen Casinos und Hotels, einer Tankstelle und diverser neuer Unternehmen außerhalb des Reservats. 80 Prozent der Yurok leben unter dem Armutsniveau.

Native American Delikatesse

Die letzte Meile Land entlang dem Klamath River und die Mündung gehört den Yurok, damit haben sie auch das historische Recht, hier zu angeln. Da der Fluss unter Sportanglern sehr beliebt ist, kommt es in der Hochsaison manchmal zu Spannungen, wenn dann entlang den Sandbänken an der Mündung hunderte von Anglern stehen, die auf die flussaufwärts schwimmenden Lachse warten. Handgreiflicher Streit und zerschnittene Angelleinen sind keine Seltenheit. Auf der Anhöhe südlich des Flusses, auf kalifornischem Land, stehen die Beamten der Land-, Forst- und Fischereiverwaltung mit Ferngläsern, um Straftaten zu vereiteln und zu kontrollieren, dass niemand mehr Fische als erlaubt fängt. In den letzten Jahren haben die Yurok erfolgreich vor Gericht ihre Rechte erstritten, was unter anderem auch bedeutet, dass der Klamath River renaturiert wird und somit Dämme entfernt werden müssen, um den Lachsbestand zu retten.

Auf der kurzen Strecke zum Aussichtspunkt fährt man durch Requa. Die Armut ist hier an vielen Stellen sichtbar, nur das historische Requa Inn hebt sich ab.

Der Ausblick über die Mündung ist atemberaubend. Mit bloßem Auge kann man im Herbst und Frühjahr Grauwale auf der Wanderung sichten. Seelöwen und Seehunde tummeln sich rund ums Jahr vor der Küste und in der Mündung, und während der Lachswanderung werden auch Orcas gesichtet. Die Region ist auch eine der

Mündung des Klamath River

Strand im typischen Nebel

Brutstätten für die Seevogelgattung Marmelalk, und die Audubon Society empfiehlt den Klamath Overlook besonders für Freunde der Ornithologie. Abgesehen von dem kleinen Alk leben hier auch Weißkopfseeadler, Turmfalken, westliche Haubentaucher, Fischadler und Kolibris.

Sportliche und schwindelfreie Wanderer wagen den Abstieg vom Overlook-Parkplatz zu einem tiefer gelegenen Aussichtspunkt, um die Meeressäuger aus geringerer Entfernung zu beobachten. Der Pfad ist nur 1,6 Kilometer lang, aber es geht 110 Höhenmeter steil hinunter – und auch wieder hoch zum Auto. Der Parkplatz ist überschaubar und hat nur elf Plätze, aber er ist selten voll besetzt. Der Klamath River liegt an einer beliebten Wanderstrecke, dem California Coastal Trail, welcher der gesamten Küste des Staates folgt.

Ausblick im August

Angler bei der Lachswanderung

INFO

Lage: Der Aussichtspunkt liegt an der Nordseite der Mündung des Klamath River bei dem Ortsteil Requa, etwa 34 Kilometer südlich von Crescent City.

Anfahrt: US-101, Ausfahrt Requa Road. Von Norden kommend rechts abbiegen, von Süden kommend links abbiegen und der Requa Road folgen; diese geht in den Patrick J. Murphy Memorial Drive über. Der Parkplatz liegt links auf dem Gipfel der Anhöhe. Die Fahrt von Crescent City dauert etwa 35 bis 45 Minuten.

Website: *nps.gov/places/klamathriveroverlook.htm*

Hinweise: Im Herbst und Frühjahr ist der Aussichtspunkt ideal für das Sichten von kalifornischen Grauwalen. Rund ums Jahr leben hier viele Seelöwen und Seehunde. Chinook Lachse laichen von März bis Juli. Im späten August beginnt die Wanderung der Lachse, und die Natur bietet ein Jagdspektakel. Seelöwen, Orcas und Angler lauern auf die Beute. Auch hier gibt es Bären.

3. Es grünt so grün: die beste Cannabis-Tour

Seit dem 1. Januar 2018 ist in Kalifornien der Anbau und auch der Verkauf von Cannabis als Genussmittel erlaubt. Damit hoffte die Regierung dem illegalen Anbau und dem Dealen Einhalt zu gebieten. Anfänglich boomte das legale Geschäft, aber ungleiche lokale Gesetzgebung, sehr hohe Steuern auf Marihuana und Konkurrenz aus anderen Staaten, die auch legalisierten, führen seit 2022 zu einem Rückgang der Profite. Trotz der Herausforderungen wird der legale Marktwert immer noch auf 2,2 Milliarden Dollar geschätzt. Kenner schätzen auch die hohe Qualität des kalifornischen Produktes und der Marihuana Tourismus boomt.

Weltweit eines der bekanntesten und besten Anbaugebiete ist das „Smaragdgrüne Dreieck", das die drei Counties Humboldt, Trinity und Mendocino umfasst. Die schöne viktorianische Stadt Eureka gilt hierbei unter Kennern als das „Cannabis-Mekka", vergleichbar mit Napa für Genießer kalifornischer Weine.

Cannabis in voller Blüte

Tour-Veranstalter Matt vergleicht das Marihuana vom Humboldt County mit Champagner: Nur Trauben aus der Champagne kreieren Champagner, der Rest der Welt macht Sekt ... Klima und Bodenbeschaffenheit sowie die jahrzehntelange Erfahrung der Anbauer führen hier seiner Ansicht nach zum besten Marihuana. Der traditionelle Anbauer ist der Sohn einer Hippie Familie und folgt den Fußstapfen seiner Eltern, die hier schon in den 1970er-Jahren ansässig waren und Cannabis anbauten, damals noch illegal. Der Treibhausanbau ist eine hochmoderne und technische Methode des Anbaus, mit dem Vorteil, dass rund ums Jahr geerntet werden kann.

Cannabis-Pflanze

Das große Interesse an „Weed" brachte Matt auf die Idee, im Herzen des Anbaugebiets Touren anzubieten. Schon 2015 begann er den mühseligen bürokratischen Weg, die dafür nötigen Genehmigungen und Lizenzen zu erwerben. 2018 fand die erste Tour statt. Obwohl über Social Media Anzeigen gesetzlich nicht erlaubt sind, hat sich das Geschäft innerhalb des ersten Jahres verdoppelt. Seine Anzeigenschaltungen in Marihuana-Fachblättern und die Empfehlungen seiner begeisterten Gäste halten das Geschäft aufrecht.

Kalifornier Matt ist Outdoor-Führer und lebt und arbeitet seit vielen Jahren in der Gegend. Seine berufliche und persönliche Erfahrung und seine Kontakte in der Umgebung von Eureka geben ihm ganz exklusiven Zugang zu den Feldern und Treibhäusern. So kann er verschiedene Touren anbieten: auf den Feldern und/oder im Treibhaus.

Im Treibhaus

Matt und die „Budtender" (ein Budtender ist mit einem Sommelier vergleichbar) sind Experten hinsichtlich der Geschichte des Anbaus, der Kultur, dem Lebensstil der Marihuana-Anhänger und den weltweit über 4000 genetisch identifizierten Marihuana-Sorten, von denen viele hier in Humboldt ihren Ursprung fanden.

Cannabisfeld

Feldtour

INFO

Lage: Humboldt Cannabis Tour: 215 C Street, Suite D-1, Eureka, CA 95501

Öffnungszeiten: 9 bis 18 Uhr, Touren nur mit Reservierung, Tel. +1 707 839 4640

Eintritt: Halb- und ganztägige Touren kosten zwischen 140 USD und 210 USD. Weitere Tourformate im Angebot. Maximal elf Gäste pro Tour.

Unterkünfte:

- Humboldt Bay Social Club liegt sehr schön am Meer und erlaubt das Rauchen im Freien; 900 New Navy Base Rd. Samoa, CA 95564, Tel. +1 707 502 8544, *humboldtbaysocialclub.com/*
- weitere Marihuana-freundliche Unterkünfte, wo Gäste rauchen dürfen, finden Sie auf der Homepage der Tour Agentur.

Website: *humcannabis.com*

Hinweise:

- Tourteilnehmer müssen mindestens 21 Jahre alt sein und müssen einen Personalausweis oder Pass vorlegen.
- Bitte informieren Sie Sich über die gesetzlichen Einschränkungen wie Mindestalter, Konsumverbot an öffentlichen Orten, Transportverbot: *norml.org/laws/california-penalties*

4. FERNDALE: VIKTORIANISCHE ARCHITEKTUR IN WUNDERSCHÖNER LANDSCHAFT

Man kann sich kaum eine idyllischere Landschaft vorstellen: ein saftig grünes Tal, von Flüssen durchquert, hügelige Redwood-Wälder ringsum und eine traumhaft wilde Küstenlandschaft am Pazifik. Mittendrin liegt die kleine Ortschaft Ferndale, in der die „gute alte Zeit" noch vorhanden zu sein scheint. Die Hauptstraße besteht größtenteils aus kunterbunten, sehr gut erhaltenen Häusern im viktorianischen Stil.

Ferndales wunderschönes Ambiente wurde nach der Gründung im Jahr 1852 schnell ein Magnet für eine immer noch existierende Künstlergemeinde. Die Einwohner kennen sich alle, die Haustüren sind meistens offen. Besucher genießen die friedliche Atmosphäre und Gastfreundlichkeit.

Das Bummeln auf der Main Street ist entspannend. Die Geschäfte bieten ein schönes, abwechslungsreiches Angebot. Mode und Schmuck sind oft Handarbeiten hier lebender Künstler. Es gibt dreifach geschliffene Seife aus essenziellen Ölen, Bienenwachsker-

Main Street

zen, Kristalle, geschmiedete Kronleuchter und Bestecke und vieles mehr. Eines der bekanntesten Geschäfte ist The Blacksmith Shop, in dem die Handarbeiten von Schmiedekünstlern der Gegend ausgestellt und verkauft werden. Hier findet man auch kleine, gut transportable Souvenirs. Golden Gait Mercantile ist ein berühmter Sammelsurium-Laden, der viele traditionelle, inzwischen sehr schwer zu findende Süßigkeiten und Artikel des Americana-Genres bietet. Im ersten Stock befindet sich das Golden Gait Museum, eine Nachbildung des Ladens aus der Gründerzeit Ferndales. Stitch ist spezialisiert auf die amerikanische Tradition der „Quilts", der wattierten, gesteppten Patchworkdecken. Red Front Store ist ein kleiner Markt, in dem es den hauseigenen Hot Dog mit frisch gebackenem Milchteig-Brötchen gibt. In der Artisan Alley, einer Ansammlung von Galerien und Werkstätten der Künstlergemeinde, kann man den Künstlern über die Schulter schauen und die Produkte direkt erwerben.

Golden Gait Mercantile

Im Laden

Red Front Store

Friedhof mit deutschem Stein

Jedes Wochenende und an allen wichtigen Feiertagen vergnügen sich die Ferndaler mit Paraden, Bierfestivals, sportlichen Veranstaltungen, Tanzfesten, Musik, Theater und mehr. Die Humboldt County Fair, eine Mischung aus Jahrmarkt, Pferderennen und Erntefest, wird ohne Unterbrechungen seit 1861 gefeiert.

Nur acht Kilometer entfernt liegt der wilde, lange Centerville Beach, der nördlichste und zugänglichste Punkt der Lost Coast. Parken und Zutritt sind kostenlos. Pferde und Hunde sind erlaubt, und mit einem Quad kann man bei Ebbe die fast fünf Meilen Strand gen Norden bis zur Mündung des Eel River fahren oder wandern.

Centerville Beach

Direkt hinter dem Städtchen liegt das Naturschutzgebiet Russ Park. Ein 3,3 Kilometer langer Rundgang führt durch das Herz der 44,5 Hektar großen, hügeligen Landschaft. Bergauf und bergab durch einen Sitka-Fichtenwald, vorbei an Redwood-Bäumen und Rot-Erlen zum Zipporah Pond, von wo man eine sehr schöne Aussicht auf das Tal hat. Neben 60 Vogelarten gibt es hier auch Bären.

INFO

Lage: Ferndale mit knapp 1400 Einwohnern liegt in der idyllischen Küstenebene der Humboldt Bay, eine knappe halbe Stunde Fahrt südlich von Eureka, acht Kilometer von US-101 entfernt.

Anfahrt: Von US-101 Ausfahrt 692 (Ferndale/Fernbridge), überqueren Sie die alte Brücke und folgen der SR-211 für knapp acht Kilometer. Die Straße führt direkt in die Stadt.

Events: *visitferndale.com/upcoming-events*

Unterkunft:

- Gingerbread Mansion Inn: 4-Sterne Gasthaus mit elf Suiten im viktorianischen Stil; 400 Berding Street, Ferndale, CA 95536, Tel. +1 707 786 4000, *gingerbread-mansion.com*

Hinweise:

- Ferndale ist klein. Die Main Street ist die Verkehrsader der Kleinstadt.
- Wer in Eile ist, kann Ferndale als Stopp auf der Durchfahrt einplanen, aber das Städtchen ist so charmant, dass viele einen halben Tag oder ein romantisches Wochenende hier verbringen.
- Centerville Beach, in acht Kilometern Entfernung, ist der zugänglichste Strand der „Verlorenen Küste".
- Hier werden die beste Butter, Sahne und Milch des Westens hergestellt.

Websites:

- *visitferndale.com*
- *visithumboldt.com*

5. Die schönsten Strände an der Küste des hohen Nordens

Die Mendocino Coast besteht aus knapp 150 Kilometern wilder Strände, Buchten, historischer Leuchttürme, Dünen und Klippen. Selten trifft man hier auf Menschenansammlungen und häufig ist es auch im Hochsommer frisch und nebelig. Der Temperaturunterschied zwischen Willits im Landesinnern und Fort Bragg an der Küste, 56 Kilometer voneinander entfernt, kann bis zu 15 Grad betragen.

Zum Baden und Wassersport ist die raue Küste des Norden nicht geeignet. Die Wassertemperatur im Sommer steigt nur auf elf Grad Celsius. Hartgesottene Surfer mit dicken Neoprenanzügen wagen sich dennoch in die kalten Fluten.

Navarro-Headlands

Die großen Attraktionen sind die Schönheit der rauen Natur, die Abgelegenheit, die Menschenleere. Je nach Jahreszeit wandern Grauwale an der Küste vorbei, bringen Seehunde ihre Jungen am Strand zur Welt, tummeln sich Bären in den Wäldern und ab und an grast auch Rehwild am Straßenrand.

Der Alltag geht gemütlich vonstatten und die Gastfreundschaft der Bewohner kommt wirklich von Herzen. Um die Küste zu entdecken und zu genießen sollte man mindestens anderthalb Tage mit einer Übernachtung an der Küste einplanen.

Jede Kurve bringt neue Aussichten. Jeder Strand ist so schön zum Laufen und Fotografieren, dass die Auswahl schwer fällt. Die folgenden Highlights sollten Sie nicht verpassen:

- **Der MacKerricher State Park** bietet das vielfältigste Angebot an Natur und Infrastruktur an der Mendocino Küste. Hier kann man einen ganzen Urlaub planen. Im Park selbst gibt es 140 Zelt- und Camperplätze, offene Strände, einen See zum Angeln, Marschland, ausgebaute Wanderwege und Aussichtspunkte. Als Aktivitäten werden geführte Wanderungen, Naturkunde für Kinder und Walbeobachtungstouren angeboten. An den fast 15 Küstenkilometern finden Sie steile Klippen, Dünen und weite Sandstrände. Im Park gibt es Toiletten. 24100 MacKerricher Park Road, Fort Bragg, CA 95437

MacKerricher State Park

- **Glass Beach** ist berühmt und benannt nach den in früheren Zeiten meterhohen Ablagerungen an Seeglas. Er liegt wenige Schritte entfernt von einem gut ausgeschilderten Parkplatz mit dekorativ bemaltem öffentlichen WC nahe des Zentrums von Fort Bragg. Die Bucht gehört zu den Noyo Headlands, wo man ausgiebig wandern kann. GPS: 39.45273, -123.81356

Glass Beach

Mendocino

- **Mendocino** hat nur 782 Einwohner, aber ist weltweit bekannt als Drehort von „Jenseits von Eden". Das Dorf ist romantisch und gemütlich. Alle Häuser sind attraktiv – und teuer, die Gärten und Parkanlagen gepflegt, und in der kleinen Hauptstraße finden sich Boutiquen, Kunstgewerbeläden und Gaststätten. Der Headlands State Park liegt direkt angrenzend an der Ortschaft. Die Wanderwege sind ideal für einen schönen Spaziergang mit Panoramablick.

Point Arena Lighthouse

- **Point Arena Lighthouse** ist der höchste Leuchtturm der Pazifikküste. GPS: 38.9547347,-123.740523

INFO

Lage: Fort Bragg liegt an der SR-1, etwa 16 Kilometer von Mendocino entfernt, und ist die größte Ortschaft an der Küste.

Anfahrt: Sie erreichen SR-1 von US-101. Aus dem Norden kommend in Leggett rechts abbiegen auf SR-1 in Richtung Fort Bragg. Aus dem Süden auf US-101 N Abfahrt 494 in Santa Rosa. Dann der River Road folgen, die SR-116 W wird und an der Küste auf SR-1 N trifft. Von Willits erreichen Sie Fort Bragg auf SR-20 W.

Unterkünfte:

- Camping im MacKerricher State Park: Zelt- und Camperplätze: First come, first serve-Basis oder per Onlinereservierung; *reservecalifornia.com/CaliforniaWebHome/*
- Sea Rock Inn: 3-Sterne Hotel direkt am Meer; 11101 Lansing Street, Mendocino, CA 95460, Tel. +1 707 937 0926, *searock.com*

Websites:

- *visitmendocino.com*
- *mendoparks.org/mackerricher-state-park*

Hinweise:

- Der Pacific Coast Highway ist teils nur eine sehr schmale, zweispurige Landstraße. Bitte rechnen Sie deshalb mehr Zeit bei der Tourplanung ein. Es ist eine Traumstrecke für Motorradfahrer.
- Tanken Sie auf jeden Fall im Vorfeld, es gibt nur in wenigen Ortschaften Tankstellen.
- Versorgungspunkte sind Mendocino und das nahe gelegene Fort Bragg.

6. Russian River Brewing Company: Double IPA und Triple IPA

Früher hatten Amerikaner die Auswahl zwischen diversen faden Dosenbieren, am bekanntesten darunter Budweiser und Coors. Heutzutage gelten die USA als das Top-Ziel für Bierliebhaber, und Kalifornien ist das Mekka unter den 50 Staaten. Über 5000 kleine, unabhängige Betriebe brauen einige der besten Biere der Welt.

Zu den Superbrauereien, deren Bekanntheit weit über die Grenzen hinausgeht, gehört die Russian River Brewing Company in Santa Rosa. Die Brauerei wurde 1997 im Herzen des Weingebiets in Guerneville im Norden Kaliforniens gegründet. Vinnie Cilurzo war der erste und anfänglich einzige Angestellte und schnell Chefbrauer. Er kreierte eines der ersten kommerziellen Double-IPA-Biere der Welt, das legendäre Pliny the Elder, das im Jahr 2000 zum ersten Mal gebraut wurde.

Vinnie und Natalie Cilurzo

2003 übernahmen Vinnie und Ehefrau Natalie die Brauerei und die Brau-Rezepte. Die beiden fanden zwei Geschäftspartner und 30 Familienangehörige und Freunde, die bereit waren, ihnen das nötige Kapital zu leihen. Das Brauhaus-Bier begeisterte Paar verlegte das Geschäft nach Santa Rosa und eröffnete dort 2004 das erste Gasthaus. Der Erfolg von Pliny the Elder war nicht zu stoppen. Vinnie und sein Team wurden sowohl beim Great American Beer Festival wie auch beim World Beer Cup zwei Mal als „Brauerei und Brauer des Jahres"

Der Biergarten

geehrt. 2007 erhielt Vinnie den „Russell Scherrer Award for Innovation in Brewing“. Seine Biere haben dutzende von amerikanischen und internationalen Preisen gewonnen. 2017 wurden Vinnie und Natalie mit dem „Brewers Association Recognition Award“ ausgezeichnet.

Sie beschlossen ihre Traumbrauerei zu bauen. Am 11. Oktober 2018 öffneten sie die Tore zu dem neuen Reich in Windsor: fast 8000 Quadratmeter mit viel Platz für alles: Bierproduktion von klaren Bieren und sauren, im Fass gealterten Bieren, Gasthaus, Biergarten, Geschenkboutique, Verkostungsraum, geführte und frei gestaltete Touren und die Verwaltung. Die Brauerei wurde von vornherein so entworfen, dass Besucher den Brauereiprozess greifbar nah erfahren können.

Auch die größere Brauerei reicht nicht, die immense Nachfrage nach Pliny the Elder und dem neueren Pliny the Younger zu erfüllen. Nur ausgesuchte Händler werden beliefert. In den wenigen Getränkemärkten, die Biere der Russian River Brewing Company führen, lassen sich potenzielle Käufer auf Wartelisten setzen und stehen Schlange, wenn Pliny kommt.

Auf geführten Touren (Mindestalter 21 Jahre) wird man mit einem Gläschen Damnation Gold Ale begrüßt, darf Hopfen und Gerste anfassen, und anschließend geht es durch die Brauerei, sodass die Besucher mitten im Geschehen sind und viel über die gesamte Herstellung lernen. Selbstverständlich gibt es weitere Proben, auch vom legendären Pliny the Elder.

Russian River Brewing braut saisonale wie auch rund ums Jahr erhältliche Biere. Da alle Biere nur in begrenzter Menge hergestellt werden können, sind sie schnell ausverkauft, obwohl sie vergleichsweise teuer sind. Das aufregendste Event findet in den letzten zwei Märzwochen statt, in denen Pliny the Younger verkauft wird. Das Bier wird nur einmal jährlich auf den Markt gebracht. Zu diesem Ereignis stehen immer viele Bierliebhaber gut gelaunt bis zu acht Stunden in der Warteschlange. Das gemeinsame Warten gehört einfach dazu ...

Biertafel

Das legendäre Doppel-IPA

INFO

Lage: Windsor liegt etwa 20 Minuten Fahrt nördlich von Santa Rosa. Russian River Brewing Company: 700 Mitchell Lane, Windsor, CA 95492

Anfahrt: Ausfahrt 496/Shiloh Road von US-101, dann westlich auf der Shiloh Road, rechts ab auf die Conde Lane, links auf die Mitchell Lane. Die Brauerei ist auf der linken Seite.

Öffnungszeiten: 11 bis 23 Uhr. Touren täglich von 11 bis 17 Uhr.

Eintritt: Die geführte einstündige Brauerei Tour kostet 20 USD. Das Mindestalter für die Brauereitour ist 21 Jahre.

Unterkunft:

- Hotel E: 37 Old Courthouse Square, Santa Rosa, CA 95404, Tel. +1 707 481 3750, *hotelesantarosa.com*

Website: *russianriverbrewing.com*

7. Ein Tag mit Snoopy und den Peanuts: im Charles M. Schulz Museum

Die große Liebe für Cartoonist Charles Monroe Schulz ist in Santa Rosa nicht zu übersehen. Im Zentrum würdigt die Stadt den Ehrenbürger mit vielen Peanuts-Statuen, mit denen Besucher ihre Selfies machen. Snoopy, Lucy, Woodstock und Linus leisten Touristen gerne Gesellschaft.

Schulz lebte seit 1958 in dieser Gegend. Zuerst im nahen Sebastopol, wo er sein erstes Atelier baute, das aber 1966 abbrannte. Schulz zog 1969 nach Santa Rosa, wo er bis kurz vor seinem Tod im Februar 2000 seine Cartoons zeichnete. Zwei Jahre später eröffnete das Charles M. Schulz Museum, um sein Werk zu bewahren und die weltweiten Fans weiterhin zum Lächeln zu bringen.

Das Museum steht auf dem Gelände, das Schulz sein berufliches Zuhause nannte: Hier hat er gezeichnet, gegessen und einfach „gechillt". 1969 hatte die Familie Schulz eine Eisbahn gebaut, Snoopy's Home Ice innerhalb der Redwood Empire Ice Arena, das heute noch besteht. Schulz selbst lief leidenschaftlich gern Schlittschuh und spielte Eishockey. Direkt nebenan lockt das familienfreundliche Warm Puppy Café mit amerikanischen Speisen und starkem Bio-Kaffee sowie Milk Shakes.

Der Eingang

Peanuts Classics Galerie

Die Planung des Museums begann in den späten 1990er-Jahren und Charles M. Schulz war noch sehr aktiv an Konzept und Planung beteiligt. Seine Witwe Jean sitzt im Aufsichtsrat.

In dem Museum befindet sich die mit Abstand umfangreichste Sammlung der Peanuts-Cartoons. Durch die permanente Ausstellung und drei Wechselausstellungen kommen die Besucher der Cartoon-Kunst näher. Sie erfahren mehr über Schulz' vielseitige Karriere. Wie wurde er inspiriert? Welche Geschichten und Erfahrungen halfen ihm, die Charaktere zu schaffen?

Feanut Comicstrips Archiv

Schulz gilt auch heute noch als einer der erfolg- und einflussreichsten Cartoonisten aller Zeiten. Die Peanuts-Comics wurde in Spitzenzeiten täglich in 2600 Zeitungen in 75 Ländern und 21 Sprachen veröffentlicht. In

Schulz' Atelier

fast 50 Jahren hat Schulz 17.897 Peanuts-Comicstrips veröffentlicht. Die Strips, zusammen mit den weiteren Peanutsprodukten, brachten dem Verlag über eine Milliarde Dollar jährlich ein. Charles M. Schulz hatte vertraglich gesichert, dass die Peanuts nur von ihm gezeichnet werden durften. In der fast 50-jährigen Laufbahn gönnte er sich nur einen einzigen Urlaub!

Schulz' Atelier lag nur wenige Minuten entfernt, in dem Gebäude ist heute die Charles M. Schulz Creative Associates ansässig. Das Museum wurde mit seinem originalen Arbeitssessel, seinem Zeichenbrett und seinen Bücherregalen ausgestattet, sodass die Besucher ein Gefühl für die kreative Atmosphäre bekommen. Eine von ihm komplett mit Peanutsmotiven bemalte Wand des Kinderzimmers seiner Tochter aus seinem Haus in Colorado ist im Museum wieder aufgebaut worden. Im Garten lockt ein Snoopy-Labyrinth und ein Drachen fangender Baum. Armer Charlie Brown!

Museumstheater

Das Museumstheater zeigt Zeichentrickfilme und Sonderprogramme. Hier werden Kindheitserinnerungen wach und neue werden geschaffen. Die Peanuts sind und bleiben zeitlos.

Museumsgelände

INFO

Lage: Das Museum liegt etwa eine Stunde nördlich von San Francisco in Santa Rosa nahe an der US-101. Charles M. Schulz Museum: 2301 Hardies Lane, Santa Rosa, CA 95403

Anfahrt: Von der US-101 Ausfahrt 491, Guerneville Road/ Steele Lane in Santa Rosa, dann 0,8 Kilometer westlich auf die Steele Lane abbiegen.

Öffnungszeiten: Montag, Mittwoch, Donnerstag. und Freitag 11 bis 17 Uhr. Samstag und Sonntag 10 bis 17 Uhr. Im Sommer (von Memorial Day bis Labor Day) ist das Museum täglich geöffnet.

Eintritt: Erwachsene 12 USD, Kinder und Jugendliche/ Studenten (vier bis 18 Jahre oder mit gültigem Studentenausweis) 5 USD, Kinder unter drei Jahren freier Eintritt

Unterkunft:

- Hotel E: Boutiquehotel, zu Fuß wenige Minuten von einem guten Einkaufszentrum; 37 Old Courthouse Square, Santa Rosa, CA 95404, Tel. +1 707 481 3750, *hotelesantarosa.com*

Website: *schulzmuseum.org*

Hinweise: 2022 Auf der Homepage unter Events finden Sie viele saisonale Veranstaltungen, wie Besuche von Cartoonisten und Hollywood Stars, die für Besucher zugänglich sind. Auch für Kinder gibt es viel extra Spaß mit spielendem Lernen.

8. Weinprobe mal anders: Winzer sein, Falken hautnah erleben und Traubenstampfen im Napa Valley

Das Napa Valley, knapp 50 Kilometer lang und acht Kilometer breit, ist ein Synonym für hervorragende Weine, luxuriöse Wochenenden, 5-Sterne-Hotels, berühmte Chefköche und Wellness-Urlaub. Das landschaftlich reizvolle Tal bietet dazu passende Aktivitäten, von Weintouren über Golf bis hin zu Schlammpackungen im Thermalbad. Auch das Klima spielt mit. Es ist das ganze Jahr über mild und meistens sonnig. Aber die Konkurrenz schläft nicht: Die Winzer sind motiviert, immer wieder neue Aktivitäten anzubieten, um die Besucher in ihre Weingegend zu locken. Im Trend liegen seit einigen Jahren interaktive Erlebnisse.

Napa heißt Willkommen. 7600 St. Helena Hwy, Oakville

Winzer für einen Tag

Die Geschichte der Raymond-Familie in St. Helena führt auf das Jahr 1933 zurück. Eine Hochzeit im Jahr 1936 verband sie mit der Winzerfamilie Beringer. Über fünf Generationen hinweg waren die Raymonds im Weinbau tätig und fast acht Jahrzehnte im Anbau haben den Namen „Raymond" zu einem alten Weinadel gemacht.

Aber sie ruhen sich nicht auf ihren Lorbeeren aus. Heute ist dieser Stammbaum mit der angesehenen Boisset-Kollektion verbunden. Hier können Sie sich den Traum erfüllen, einen Tag lang Winzer zu sein. Sie erlernen die Kunst des Winzers, während Sie Ihre eigene rote Mischung im Napa Valley im Bordeaux-Stil kreieren. Nachdem Sie Ihren Wein hergestellt haben, füllen Sie Ihre Flasche, korken sie, kapseln sie, kleben Ihr individuelles Etikett darauf und nehmen sie gleich mit. Sie können sogar eine ganze Kiste Ihres eigenen Weins zum Versand bestellen (*raymondvineyards.com*).

Falken, Eulen und Habichte hautnah!

Brandneu im Napa Valley ist das hochkarätige Stanly Ranch Resort in Napa, das im August 2022 eröffnet wurde und Familien einen luxuriösen „Sommercamp"-Urlaub bietet. Auf den 284 Hektar Landwirtschaftsfläche werden weiterhin Trauben und Gemüse angebaut. Sehr im Trend liegt der Ernteschutz auf umweltfreundliche und giftfreie Weise. Im Sommer, wenn die Trauben fast reif sind, kämpfen viele Winzer mit Ernteverlusten. Die beste Lösung: Falken und Eulen zur Abschreckung einsetzen. Falkner sind gefragte Profis im Napa Valley und Stanly Ranch hat seine eigene Schar an „angestellten" Greifvögeln und Eulen. Einige der Vögel sind handzahm und nehmen an Erziehungsprogrammen teil.

So hautnah erleben Gäste die Falken

Durch die „Falcon Experience" können mutige Gäste mithilfe der Falkner Rebecca und David während der einstündigen Präsentation hautnahen Kontakt mit den faszinierenden Vögeln erleben. Zum Schutz bekommen die Teilnehmer einen dicken Lederhandschuh, auf dem der Vogel, der mit Futter belohnt wird, landet, wenn er gerufen wird. Der große Star der Stunde ist allerdings eine Eule! Hootbert ist 13 Jahre alt und hat sogar sein eigenes Instagram-Profil. Die niedliche Hootbert ist sehr gesellig und „spricht" gerne mit den Gästen (*aubergeresorts.com/stanlyranch*).

Traubenstampfen – die Crush-Party

Einmal im Jahr, im Oktober, lädt die Sattui Winery in St. Helena zum Erntefest und Traubenstampfen ein. Die Besitzer sind italienisch-amerikanisch und veranstalten das beste Erntefest der Gegend. Es ist ein Tag der offenen Tür und die Gäste werden von allen Profis herzlich empfangen. Sie können überall dabei sein, sich mit Anbauern, Winzern und Fassbindern unterhalten, 45 Weine probieren, toskanische Küche genießen und mit nackten Füßen ins Fass springen. Livemusik und eine wirklich fröhliche Volksfeststimmung runden den Tag ab (*vsattui.com*).

Das Sattui-Weingut im Frühsommer

Mit nackten Füßen hinein!

INFO

Lage: Das Napa Valley liegt 1,5 Stunden Autofahrt nordöstlich von San Francisco.

Anfahrt: Das Napa Valley liegt an der SR-29, die man von I-80 in Vallejo erreichen kann. Von Süden nach Norden liegen folgende Ortschaften im Tal: American Canyon, Napa, Yountville, Oakville, Rutherford, St. Helena, Calistoga.

Unterkünfte: Zwischen ganz teurem, luxuriösem 5-Sterne Meadowood Napa Valley Resort mit seinem 3-Michelin-Sterne-Restaurant und modischem Airstream-Wohnwagen im Zentrum von Napa für weniger als 100 USD bieten sich zahlreiche Unterkünfte an.

Website: *visitnapavalley.com*

Hinweis: Alle Aktivitäten, die Alkohol beinhalten, sind nur für Erwachsene ab 21 Jahren zugänglich.

30th Anniversary Season
philharmonia.org
HAIGHT ASHBURY
Posters
Posters Prints Cards Tapestries Gifts & Souvenirs
NO PARKING
7 A.M. TO 9 A.M.
MON. WED. FRI.
PIPES
MACHINE

San Francisco und Umgebung

Piedmont Boutique mit den berühmten Beinen

San Francisco und Umgebung

9. Besuch bei Yoda! Die weit, weit entfernte Galaxis ist mitten in San Francisco
10. Flower Power: Tour durch den Sommer der Liebe
11. The Castro: Geburtsort der LGBTQ-Bewegung
12. Golden Gate Fortune Cookie Factory: die besten Glückskekse der Welt
13. Lands End: anders wandern an der Golden Gate Bridge
14. Sammelpunkt der Wandervogelwelt: erstes urbanes Naturschutzgebiet der USA
15. Mavericks: Riesenwelle für die besten Surfer

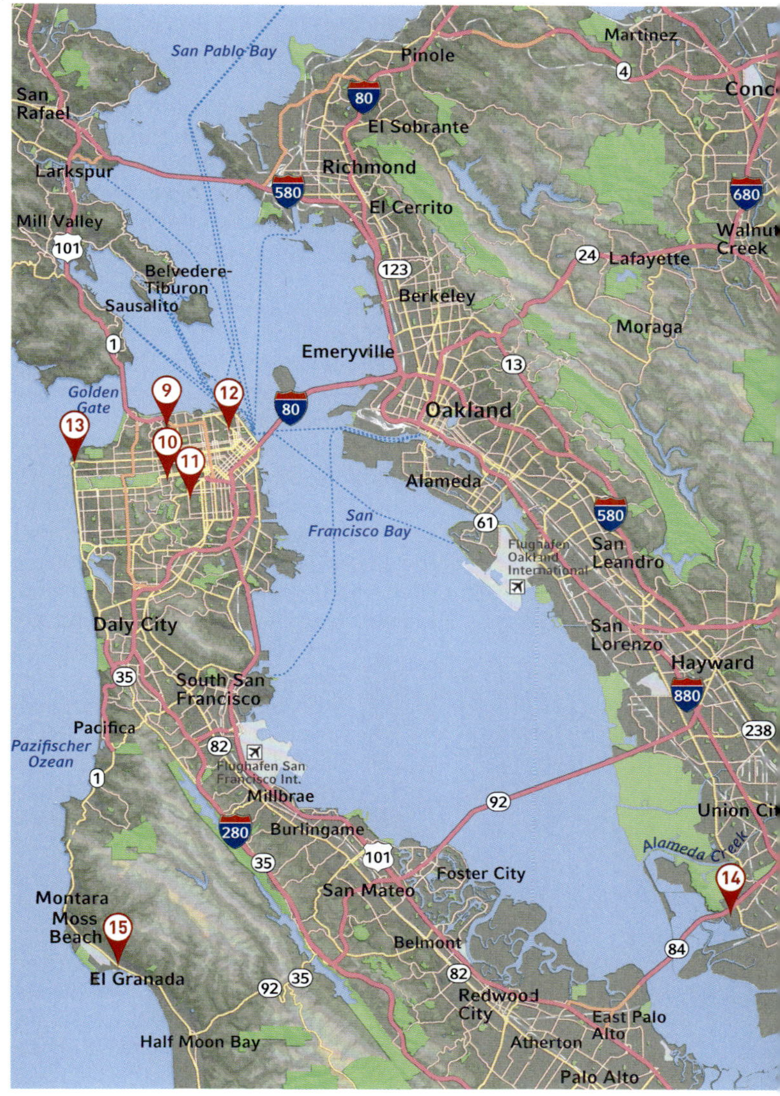
San Pablo Bay
Martinez
Pinole
San Rafael
El Sobrante
Richmond
Larkspur
El Cerrito
Mill Valley
Walnut Creek
Lafayette
Belvedere-Tiburon
Sausalito
Berkeley
Moraga
Emeryville
Golden Gate
Oakland
Alameda
San Francisco Bay
Flughafen Oakland International
San Leandro
Daly City
San Lorenzo
Hayward
South San Francisco
Pacifica
Pazifischer Ozean
Flughafen San Francisco Int.
Millbrae
Burlingame
Union Ci
Alameda Creek
Foster City
San Mateo
Montara
Moss Beach
Belmont
El Granada
Redwood City
East Palo Alto
Half Moon Bay
Atherton
Palo Alto

9. BESUCH BEI YODA! DIE WEIT, WEIT ENTFERNTE GALAXIS IST MITTEN IN SAN FRANCISCO

Vom Fremdenverkehrsamt wird ein Besuch der Produktionsfirma Lucasfilm nicht extra beworben und der Bustourismus ist nicht willkommen, aber für individuell Reisende, die das legendäre kreative Zentrum von Star Wars besuchen möchten, stehen die Türen während der Bürostunden häufig für höfliche Besucher offen, und das sogar kostenlos!

George Lucas selbst lebt auf seiner Skywalker Ranch nur 45 Minuten entfernt in Marin County. 2005 eröffnete er das fast zehn Hektar große Anwesen, um seiner Filmproduktion nahe den Unternehmen der Internet- und Gaming-Branche einen Standort zu schaffen und damit den Kreativitätspool der Stadt voll ausschöpfen zu können. Der „Krieg der Sterne" ist auf dem historischen Gelände der nördlichsten spanischen Festung von 1776, dem Presidio, angesiedelt.

Das Letterman Digital Arts Center besteht aus vier stilvollen Arts-and-Craft-Gebäuden (George Lucas ist ein Fan des Architekten Frank Lloyd Wright), in denen um die 1300 Angestellte arbeiten. Aus dem Café können Sie einen Macchiato mitnehmen und auf der Terrasse Platz nehmen, mit Blick auf den Palace of Fine Arts, umringt von den Machern der Star Wars-Filme. Selfies lassen sich am besten am Yoda-Brunnen vor dem Hauptquartier machen. Halten Sie die Augen offen! Viele Besucher verpassen ihn fast, denn Yoda ist nur 66 Zentimeter groß.

Das Letterman Digital Arts Center

In der Lobby finden Fans einen 1,88 Meter großen Darth Vader, Boba Fett, R2D2, Kostüme, Lichtschwerter und Bücherschränke voller kleinerer

Andenken, Auszeichnungen und Ehrungen, Tonmodelle vieler Figuren sowie Kopien der Bücher, die George Lucas als Jugendlichen inspiriert haben. George Lucas ehrt auch einen seiner persönlichen Helden, den ersten Spezialeffektekünstler Willis H. O'Brien, hier zu sehen mit einem seiner großen Erfolge: King Kong. Nach dem Besuch der Lobby lohnt sich noch der Spaziergang durch den Park mit Blick auf die Golden Gate Bridge und den Palace of the Fine Arts.

Yoda-Brunnen

INFO

Lage: Der Lucasfilm San Francisco Campus liegt im Presidio Park nahe dem Palace of Fine Arts; 1 Letterman Drive, San Francisco, CA 94129

Anfahrt: Der Presidio Park liegt im Norden der Stadt. Es gibt diverse Eingänge. Lombard Street ist die Einfahrt, die direkt zum Letterman Digital Arts Center führt. Parken kann man in der Visitors Garage oder im Presidio Park, 1014 Torney Avenue. Mehrere Buslinien halten im Park. Das PresidiGo Shuttle und Transit-Linie 43 der MUNI Busrouten bedienen das Letterman Digital Arts Building.

Öffnungszeiten: Der Yoda Brunnen ist immer zugänglich. Das Letterman Digital Arts Center ist nur zu regulären Bürostunden offen: Montag bis Freitag 9 bis 17 Uhr.

Eintritt: frei

Unterkünfte:

- Inn at the Presidio: 42 Moraga Avenue, San Francisco, CA 94129, presidiolodging.com/inn-at-the-presidio
- Lodge at the Presidio: 105 Montgomery Street, San Francisco, CA 94129, *presidiolodging.com/lodge-at-the-presidio*

Website: *lucasfilm.com/campuses/san-francisco*

Hinweis: In der Eingangshalle ist das Fotografieren erlaubt, das Anfassen nicht!

10. Flower Power: Tour durch den Sommer der Liebe

Groovy, Man! Der Sommer der Liebe, Flower Power und die Hippiekultur 1967/68 in San Francisco hatten einen so enormen Einfluss auf Zeitgeschichte, Kultur und Politik des 20. Jahrhunderts, dass die Straßenkreuzung Haight und Ashbury, wo diese kurze Zeit des friedlichen Aufstandes stattfand, im National Trust For Historic Preservation als nationales Kulturerbe eingetragen ist.

Im Sommer 1967 protestierten amerikanische Jugendliche gegen den Vietnamkrieg. Die „Counter Culture" wollte mit den streng konservativen Normen der Nachkriegsgeneration nichts zu tun haben. Die neue Bewegung fand ein Zentrum im liberalen San Francisco.

Die Beatnik-Szene um Jack Kerouac und Allen Ginsberg in North Beach war schon in voller Blüte. Junge Aussteiger und Musiker wie Janis Joplin zogen von North Beach ins jüngere Haight Ashbury. Grateful Dead, Jimi Hendrix und Mitglieder der Band Jefferson Airplane waren hier ansässig. Auch der Motorradclub Hell's Angels mischte mit. Innerhalb kurzer Zeit war das kleine Stadtviertel beim Golden Gate Park das Zentrum der neuen Bewegung: freie Liebe, Flower Power, kostenlose spontane Konzerte der jungen Musiker im Panhandle Park – es war immer etwas los.

Jimi Hendrix Haus

Die Medien berichteten: Hunter S. Thompson taufte in einem Artikel für die New York Times das Viertel aufgrund des offenen

Drogenkonsums kurzerhand in „Hashbury" um. Bald danach kamen 100.000 junge Menschen aus aller Welt hier an, um an der Gründung der Kultur des Kommunenlebens, am freien Drogenkonsum und an freier Liebe teilzuhaben.

Späte Hippies

Heutzutage sind hier die Wohnungen sehr teuer. Aber „Hashbury" ist immer noch trendy und hip. Die Boutiquen sind bunt und bieten die neuesten Modetrends. Die Lebensmittel Co-Ops der 1960er-Jahre sind weiterhin erfolgreich, obwohl neue Bioläden ihnen Konkurrenz machen. In Upper Haight bieten schicke Cafés und Restaurants angesagte Küche, Farm to Table.

Hippieboutique

Wandbemalung in Haight Ashbury

Mitglieder der San Francisco Heritage Organisation erkämpften die Erhaltung des Doolan-Larson Gebäudes, 557 Ashbury Street, in dem in den 1960er-Jahren die erste Hippieboutique, das Mnasidika, untergebracht war. Peggy Caserta, eine gute Freundin von Janis Joplin, war Inhaberin der Boutique und soll Jimi Hendrix zu seinem Look – bestickte Samtwesten und Schlaghosenjeans – verholfen haben. Auch die Band Grateful Dead liebte den Laden und ließ sich hier häufig fotografieren.

Das alte Hippieviertel ist sehr leicht zu Fuß zu erforschen. Freier Drogenkonsum findet immer noch statt. Marihuana ist in Kalifornien legal und man riecht es.

Straßenmusiker

Folgende Adressen sind von besonderer Bedeutung:

- 710 Ashbury Street: Grateful Dead Haus
- 719 Ashbury Street: Hauptquartier der San Francisco Hell's Angels
- 635 Ashbury Street: Janis Joplins Wohnung im ersten Stock
- 557 Ashbury Street: Doolan-Larson Building; heute mit Boutiquen im Erdgeschoss und Wohnungen in den oberen Etagen
- 525 Ashbury Street: Herb'n Inn Bed and Breakfast

- 1524 Haight Street: Jimi Hendrix' Wohnung in dem heute knallrot angemalten Haus
- 1665 Haight Street: legendäres Red Victorian Bed and Breakfast Peace Center
- 1855 Haight Street: Amoeba Music, legendärer Plattenladen, bekannt für Mini-Konzerte berühmter Musiker, umfangreiche Vinyl Kollektion, Sammlerobjekte und mehr
- Hippie Hill im Golden Gate Park: zieht immer noch viele Straßenmusikanten und Marihuana Anhänger an. Spontane Trommelkreise und Tänze finden statt.

Barry Formans Werbekunst

INFO

Lage: Das Zentrum der Hippiekultur 1967/68 lag in Haight-Ashbury und dem östlichen Teil des Golden Gate Park. Mittelpunkt ist die Kreuzung Haight und Ashbury Street.

Anfahrt: Buslinie 7 und der NBUS in Richtung Ocean Beach verbinden Union Square im Zentrum mit Haight Ashbury.

Unterkunft:

- Herb'n Inn: Bed and Breakfast, das auch das Psychedelic History Museum behaust. Pam Brennan ist die Besitzerin, sie und ihr Bruder Bruce leiten auch die Haight Ashbury Flower Power Walking Tour; 525 Ashbury Street, San Francisco, CA 94117, Tel. +1 415 553 8542, *herbninn.com*

Websites:

- *sftravel.com/explore/neighborhoods/haight-ashbury*
- Straßenkarte der Locations: *goo.gl/maps/xfyyqjACJ1HZceq77*

Hinweis: Im Buena Vista Park und Golden Gate Park's Hippie Hill haben sich viele Obdachlose ihr Zuhause geschaffen.

11. The Castro: Geburtsort der LGBTQ-Bewegung

San Francisco ist als Stadt ohne die starke LGBTQ-Rechte-Bewegung nicht vorstellbar. Heute ist The Castro das Zentrum der LGBTQ-Gemeinde. Viele wichtige Momente in der politischen und sozialen Geschichte der Gemeinde haben in San Francisco stattgefunden.

Zuschauer bei der Gay Pride Parade

Die Regenbogenflagge, weltweit das Symbol für LGBTQ Pride, wurde hier von dem Künstler Gilbert Baker kreiert. Er wurde vom ersten offen schwulen Stadtpolitiker Harvey Milk angespornt, ein Symbol für die Bewegung zu schaffen. Gilbert war inspiriert von der Natur, vom Regenbogen: Die Farben präsentieren die Vielfältigkeit der Gemeinde, aber auch die Einheit. Das erste Mal wehten die Regenbogenflaggen am 25. Juni 1978, dem Tag der Gay Freedom Day Parade, an Harvey Milk Plaza in The Castro.

San Francisco kann mehrere Meilensteine verzeichnen: Der erste offen schwule Wirtschaftsverband der Welt, Tavern Guild, wurde

1962 in San Francisco gegründet. Die erste Schwulenzeitung, The Advocate, kommt aus der Stadt. Die erste Schwulenkneipe, die die Fenster öffnete und Gäste stolz sichtbar machte, war die Twin Peaks Tavern auf Castro Street. Bürgermeister Gavin Newsom war der erste in Amerika, der 2004 gleichgeschlechtliche Eheschließungen in San Francisco autorisierte.

Regenbogenflagge an Castro Street

Warum ist diese Bewegung hier gewachsen? Ab 1849 kamen zehntausende von Goldsuchern hier an. 95 Prozent der Bevölkerung waren abenteuerhungrige junge Männer, die sich von gesellschaftlichen Normen nicht beeindrucken ließen. Innerhalb kurzer Zeit entwickelte sich eine liberale Gesellschaft, in der unkonventionelle Geschlechterrollen an der Tagesordnung waren. Durch den Ersten und Zweiten Weltkrieg ist die Gemeinde weiter gewachsen. Homosexuelle Soldaten wurden ausgemustert und blieben hier – sie konnten mit dieser Information in ihrem Ausweis nicht in ihre meist erzkonservative Heimat zurückkehren.

Alle feiern die Gay Pride Parade.

In den 1950er-Jahren etablierte sich die Beatnik-Szene. Die Anti-Establishment-Bewegung verschmolz mit der LGBTQ-Gemeinde und politischer Aktivismus begann.

Im Pink Triangle Park wird an die Opfer des Nazi-Regimes erinnert.

Die wichtigen Anlaufpunkte sind der Harvey Milk Plaza, nach dem ermordeten Stadtpolitiker benannt; der Pink Triangle Park, der die Opfer der Schwulengemeinde in der NS-Zeit ehrt; Castro Camera, Harvey Milks Kameraladen, Wahlkampagnen-Hauptquartier und Zuhause; LGBT Historical Society Museum, das eine sehr umfassende Sammlung inklusive Archiv sowie wechselnde Ausstellungen zur Geschichte der Gay-Pride-Bewegung, der Politik und Ikonen der Bewegung bietet; das Castro Theater, Baujahr 1922, ein klassisches Kino im Stil der großen Hollywood-Kinos, das Schauplatz vieler Festivals und Filmserien ist; die Most Holy Redeemer Church, die sich auch die „schwulste Kirche westlich des Vatikans" nennt.

Fassade des Castro Theatre

The Castro bei Nacht

INFO

Lage: The Castro liegt im Stadtgebiet von San Francisco im Eureka Valley, direkt südlich von Haight Ashbury. Das Zentrum des Viertels ist die Straßenkreuzung von Market Street und Castro Street. Das Zentrum ist nur 1,4 Kilometer lang. The Pink Triangle Park, 2454 Market Street, San Francisco, CA 94114

Anfahrt: Die Buslinien K, L und M halten an der Castro Haltestelle. Fahrzeit ca. 20 Minuten.

Eintritt: 10 USD für das Museum, Kinder unter 12 Jahren frei. Am ersten Dienstag im Monat ist der Eintritt kostenlos.

Unterkunft:

- Becks Motor Lodge: LGBTQ-freundlich und nah an Castro; 2222 Market Street, San Francisco, CA 941114, *becksmotorlodge.com*

Websites:

- *goo.gl/maps/okKLh8cCFXpzYWVA9*
- *sf.funcheap.com/region/castro/*
- GLBT Historical Society: *glbthistory.org/museum-about-visitor-info*

Hinweise:

- Alle interessanten Punkte liegen recht nah beieinander.
- Planen Sie mindestens 90 Minuten ein, wenn Sie das Museum besuchen wollen.

12. GOLDEN GATE FORTUNE COOKIE FACTORY: DIE BESTEN GLÜCKSKEKSE DER WELT

Fans der chinesischen Küche kennen die in Folientüten verpackten kleinen Kekse, die nach fast nichts schmecken. Die Fortune Cookies werden als höfliche Beigabe mit der Rechnung serviert.

Aber die so weltweit berühmten chinesischen Kekse sind nicht eine jahrtausendealte Tradition aus dem Land des Lächelns. Diverse amerikanische Geschäftsleute chinesischer und japanischer Abstammung behaupteten, Mitte des 20. Jahrhunderts die Kekse erfunden zu haben, und zwar in Kalifornien! Ein Gericht in San Francisco entschied 1983: Der japanisch-amerikanische Teegartenbesitzer Makoto Hagiwara war offiziell der erste, der in den 1890er-Jahren solche Kekse in seinem Café angeboten hat. Erst

Grant Avenue, Zentrum von Chinatown

während des Zweiten Weltkrieges und der Internierung der japanischen Amerikaner bot sich den chinesischstämmigen Amerikanern die Gelegenheit, die lukrative Herstellungsindustrie zu übernehmen.

Innenansicht der Bäckerei

Die Kekse sind so beliebt, dass weltweit etwa drei Milliarden Stück jährlich hergestellt werden. Die Golden Gate Fortune Cookie Factory ist die große Ausnahme dieser Massenproduktion. Die Bäckerei ist ein Familienbetrieb und die letzte Glückskeksbäckerei in den USA, die die Ware in Handarbeit herstellt. Sie ist auch die einzige, in der der Kunde zuschauen kann.

Manager und Mitbesitzer Kevin Chan ist sehr stolz auf die Qualität, auf die er sehr achtet. Hier sind alle Zutaten frisch und natürlich. Der Teig enthält kein Sesamöl, sondern Butter und Eier. Es gibt verschiedene Varianten wie zum Beispiel Kekse mit Schokolade, Erdbeeren oder grünem Tee, Kekse mit Dekorationen und Guss.

Glückskekse mit Schokolade, Erdbeeren und Zuckerguss

Eingang zu Chinatown bei Columbus Avenue

Natürlich kann man auch Kekse mit persönlichen Glücksbotschaften bekommen. Das geht direkt vor Ort, und Besucher werden sehr freundlich bedient und betreut. Innerhalb von Minuten können Sie die individuell nur für Sie gemachten Kekse mitnehmen. Besucher sind immer willkommen, und häufig stehen schon morgens Menschen Schlange, um frische Kekse zu kaufen oder Bestellungen aufzugeben.

Ross Alley bei Nacht

Die Bäckerei ist ein kulturelles Juwel in Chinatown. Kevins Mutter Nancy und sein Onkel haben 1962 das Geschäft in der Ross Alley eröffnet. Nancy, heute in ihren 70ern, ist immer noch in der Backstube aktiv. Die geheimen Teigrezepte sind ihr Werk, und sie ist beim Falten der Kekse immer noch schneller als viel jüngere Angestellte. Das rotierende Backblechrad in der extra für die Chans angefertigten Backmaschine setzt die Wärme sehr langsam frei und backt die zarten Plätzchen innerhalb von einer Minute. Die frisch gebackenen Plätzchen kommen flach aus der Maschine, werden sofort per Hand gegriffen und innerhalb von vier Sekunden über einer Stange mit dem Papier gefaltet. Vier Sekunden – oder der Teig ist schon zu kalt zum Falten und bricht. Die Chans arbeiten sieben Tage die Woche, etwa 13 Stunden täglich, insbesondere in der Hochsaison zum chinesischen Neujahr und auch an amerikanischen Feiertagen. In der kleinen Backstube werden durchschnittlich 8000 bis 10.000 Kekse täglich produziert. Wenn große Aufträge kommen, können es mit zusätzlichen freien Mitarbeitern auch schon mal 15.000 Stück werden. Kevin Chan erklärt: „Wir backen von Herzen gerne. Die Fortune Cookies sind eine Einladung zu einer kleinen Meditation. Sie bringen nicht nur Glück, sie machen auch glücklich."

INFO

Lage: im Stadtviertel Chinatown. Die kleine Gasse, Ross Alley, verbindet Jackson Street und Washington Street. Golden Gate Fortune Cookie Factory: 56 Ross Alley, San Francisco, CA 94113

Anfahrt: das Cable Car und zwei Buslinien halten hier: Powell Street Cable Car, Haltestelle Powell & Jackson. Bus Muni 1 vom Embarcadero, Haltestelle Sacramento St. & Grant Avenue. Bus Muni 30 von Fisherman's Wharf, Haltestelle Stockton Street & Jackson Street. Es gibt mehrere städtische Parkhäuser in direkter Nähe.

Öffnungszeiten: Montag bis Freitag von 9 bis 18:30 Uhr, Samstag und Sonntag 9 bis 19 Uhr; Tel. +1 415 806 8243

Eintritt: frei

Unterkunft:

- Grant Plaza Hotel: 465 Grant Street San Francisco, CA 94108, *grant-plaza-hotel.hotelsone.com*

Website: *goldengatefortunecookie.squarespace.com*

Hinweis: Die Bäckerei ist die einzige Fortune-Cookie-Bäckerei, die in Handarbeit herstellt und die für Besucher offen ist.

13. Lands End: anders wandern an der Golden Gate Bridge

Wer sich von den Touristenmengen und dem Stadtstress erholen möchte, findet im Westen der Stadt den Lands End Park mit wilden und windigen Wanderwegen, vielen Aussichtspunkten, kleinen Buchten, historischen Stätten und ganz anderen Blicken auf die berühmte Golden Gate Bridge.

Direkt am großen Parkplatz liegt das gerade erst fertiggestellte Besucherzentrum Lands End Lookout, wo Sie auch WCs, Broschüren, einfache Snacks und einen Getränkeautomaten finden. Die Ausstellungen und Videos erläutern die Natur- und Kulturgeschichte von Lands End, Sutro Baths und Sutro Heights. Das 3D-Model des Parks vor dem Besucherzentrum gibt eine gute Übersicht.

Nahe am Besucherzentrum, direkt am Strand, befinden sich die Ruinen von Sutro Baths, früher ein öffentliches Salzwasser-

Die Ruinen von Sutro Baths

Aussicht auf Mile Rock

schwimmbad. Das ganze Parkgelände war einmal privates Grundstück des aus Aachen stammenden Geschäftsmannes Adolph Sutro. Sutro kam mit seiner Familie als 22-Jähriger nach Amerika und ließ sich 1851 in San Francisco nieder. Sein Vermögen machte er mit einer Silbermine in Nevada und investierte in Immobilien und öffentliche Gebäude in San Francisco. Noch heute taucht der Name Sutro an vielen Gebäuden und Parks der Stadt auf, und Nachfahren leben immer noch in der Gegend.

Zum Wandern stehen hier viele Möglichkeiten offen. Wer einen Rundweg gehen möchte, hat 5,5 Kilometer zu bewältigen. Der Beginn des Rundwegs liegt auf der Nordseite des Parkplatzes am Ende der Point Lobos Avenue und führt entlang der Küste durch den Park. Apropos Lobos, (Spanisch für Seehunde): Früher lebte hier eine große Kolonie, die inzwischen am Pier 39 angesiedelt ist, aber es tummeln sich noch hin und wieder Seehunde im offenen Meer.

Der erdige Weg ist fest und recht eben und auch für Kinder leicht zu bewältigen. Als erstes sieht man die Ruinen von Sutro Baths, die man über einen kurzen Weg an den Strand erreichen kann.

Wandert man weiter gen Norden hat man an klaren Tagen eine traumhafte Aussicht auf die Golden Gate Bridge und die hügelige Landschaft der gegenüberliegenden Küste, die Marin Headlands. Vom Mile Rock Lookout kann man die drei bekannten historischen Schiffswracks ausmachen, die dem Nebel und den Wellen zum Opfer fielen. Die Flussotter, die einem hier fast über die Füße laufen, sind zutraulich und höchst possierlich, aber sie beißen auch gerne mal in den ausgestreckten Finger!

Traumhafte Aussicht auf die Golden Gate Bridge

Bei Mile Rock Beach führen Stufen hinunter zum Lands End Labyrinth, ein aus Steinen gelegtes Monument an der äußersten Landspitze. Etwas weiter am Ende des Pfades kehrt man entweder um und geht an der Küste zurück oder folgt dem Pfad ins Innere des Parks, vorbei an einem Golfplatz und dem Palace of the Legion of Honor, dessen Gründer Adolph Spreckels ebenfalls deutsche Wurzeln hatte. Der Palace ist heute Teil des Fine Art Museums. Hier hat man bei gutem Wetter einen wunderschönen Blick auf die komplette Golden Gate Bridge und mit dem französisch-neoklassischem Gebäude auch einen beeindruckenden Hintergrund für ein Selfie!

An Wochentagen ist der Park recht ruhig und entspannend. An Wochenenden ist Lands End beliebtes Ziel der Einheimischen und wird dann auch sehr voll.

Palace of the Legion of Honor

INFO

Lage: 680 Point Lobos Avenue, San Francisco, CA 94121

Anfahrt: Der Park und der Aussichtspunkt liegen im Westen der Stadt, ganz am Ende von Geary Boulevard, der hier am Ende Point Lobos Avenue heißt. Die Route vom Stadtbus 38R entlang Geary Boulevard endet hier. Die Fahrt dauert von Laguna Street bis Ende ungefähr eine Dreiviertelstunde.

Öffnungszeiten: Das Besucherzentrum ist täglich 9 bis 17 Uhr geöffnet. Geschlossen an Thanksgiving, 25. Dezember und 1. Januar. Der Park ist von Sonnenaufgang bis Untergang zugänglich.

Eintritt: frei

Unterkunft:

- Seal Rock Inn: 545 Point Lobos Avenue, San Francisco, CA 94121, *sealrockinn.com*

Websites:

- *nps.gov/goga/planyourvisit/landsend.htm*
- *parksconservancy.org/parks/lands-end*

Hinweise:

- Wie überall in San Francisco sollten Sie nichts im Auto hinterlassen. Die Einbruchsquote auf dem Parkplatz ist sehr hoch.
- Lands End ist häufig in Küstennebel gehüllt, windig und kälter als die Innenstadt.

14. Sammelpunkt der Wandervogelwelt: erstes urbanes Naturschutzgebiet der USA

Nur wenige Minuten entfernt von den Firmensitzen von Google, Yahoo und Meta liegt ein etwa 12.000 Hektar großes Naturschutzgebiet mitten im südlichen Ende der San Francisco Bay. Der Salzwassersumpf diente früher der Salzgewinnung. Ein Unternehmen hat noch das Recht, die Salzbecken weiterhin kommerziell zu nutzen.

1974 setzten Umweltschützer und Politiker durch, dass ein großer Teil des Sumpfes auf beiden Seiten der Dumbarton Bridge als Naturschutzgebiet ausgewiesen wurde. Benannt nach dem Politiker Don Edwards, entstand so das erste von mehreren Naturschutzgebieten in der Umgebung von San Francisco.

Kalifornische Ridgwayralle

Und es ist ein Traum für Naturliebhaber. Diese Ecke der Bucht ist ein sehr wichtiger Abschnitt des „Pacific Flyway", der Wandervogelroute, die sich von Patagonien bis Alaska erstreckt und die gesamte Westküste von Nord- und Südamerika abdeckt. Hier sind je nach Jahreszeit 280 verschiedene Vogelarten angesiedelt, viele unter ihnen vom Aussterben bedroht. Die salzige Marsch bietet ihnen eine sichere Pause mit Nahrungsversorgung. Die Hochsaison läuft von Oktober bis März. Millionen von Vögeln befinden sich dann vor Ort. Dann kann man Seeregenpfeifer, weiße Pelikane, Milane, Habichte, Fischadler, Ridgway's Rail (eine Art der Klapperrallen, die nur hier lebt und vom Aussterben bedroht ist) sowie Reiher und Kraniche sichten.

Aber nicht nur Vögel brauchen dieses Schutzgebiet zum Überleben. Auch andere Tiere finden Schutz wie die Salzsumpf-Erntemaus, der kalifornische Graufuchs und die Wühlmaus. Seehunde

Sicht auf Tidelands Trail

tummeln sich hier im Wasser und in den blühenden Goldfeldwiesen. Harmlose Gophernattern, Tiger-Querzahnmolche, Kaulquappen, Krabben, Störe und vieles mehr lebt in den 15 verschiedenen Habitaten.

Das Sumpfgebiet ist auch ein natürlicher Flutschutz. Die Bucht ist essenziell für das Gleichgewicht der Natur, nicht nur hier, sondern mit globaler Bedeutung.

Ein Schmuckreiher-Paar

Auf knapp 50 Kilometer Wanderwegen kommt man hier der Natur ganz nah. Besonders empfehlenswert sind der Tidelands Trail und der LaRiviere Marsh Trail. Der Tidelands Trail ist der einzige Weg, der auf eine Anhöhe führt, von der man eine traumhafte Aussicht über die Bucht hat. Der Rundweg ist 2,25 Kilometer lang und durchquert Hochland, Watt, Salzteich und Salzmarsch. Im Winter befinden sich viele Ufervögel und Grauvögel in den Teichen, im Sommer leben hier Waldseeschwalben und Amerikanische Säbelschnäbler. Das Gezeitenmoor ist die Heimat der gefähr-

Mamorschnepfen und Schlammtreter im Flug

deten Ridgway's Rail. Der Trail beginnt am Fahnenmast beim Besucherzentrum.

Der Tidelands Trail lässt sich leicht mit dem LaRiviere Marsh Trail verbinden, der auf der gegenüberliegenden Straßenseite beim Besucherzentrum beginnt. Hin und zurück ist dieser Weg 2,4 Kilometer lang. Der Weg ist befestigt, besteht teils aus Holzstegen und führt durch den renaturierten Gezeiten-Salzmarsch. Auf diesem Weg kann man mit ein bisschen Glück die gefährdeten Ridgway's Rails beobachten, wenn sie bei Ebbe herauskommen, um in den schlammigen Kanälen zu fressen.

Wanderer auf dem Tidelands Trail

INFO

Lage: Das Don Edwards San Francisco Bay National Wildlife Refuge liegt im südlichen Ende der San Francisco Bay. Die nächsten Ortschaften sind Newark am östlichen Ufer und East Palo Alto am westlichen Ufer. Besucherzentrum und Parkplatz: 2 Marshlands Road, Fremont, CA 94555

Anfahrt: von San Francisco aus gen Süden auf US-101 South und SR-84 East bis zur Ausfahrt 36/ Thornton Avenue. Die Strecke führt über die Dumbarton Brücke (Mautbrücke, 6 USD) direkt durch die Bucht. Man erreicht die SR-84 West, Ausfahrt 36/Thornton Avenue auch von I-880 South an der Ostseite der Bucht. Folgen Sie der Thornton Avenue einen Kilometer; der Eingang zum Parkplatz liegt auf der rechten Seite. Die Strecke ist ausgeschildert.

Öffnungszeiten:

- Die Wanderwege sind täglich 7 bis 19 Uhr zugänglich, Wanderer müssen bei Sonnenuntergang das Naturschutzgebiet verlassen.
- Besucherzentrum: Mittwoch bis Freitag 11 bis 16:30 Uhr, Samstag 10 bis 17 Uhr. Sonntag bis Dienstag und an allen landesweiten Feiertagen geschlossen.

Eintritt: frei

Unterkünfte: Die nächsten Städte sind Fremont im Osten und Mountain View und Palo Alto im Westen.

Website: *fws.gov/refuge/don_edwards_san_francisco_bay*

Hinweise:

- Die meisten Wanderwege sind Stege, damit man trockenen Fußes den Marsch erforschen und genießen kann.
- Das Wetter kann sich schnell ändern, wenn der berühmte Nebel einzieht.
- Alle Verhaltensregeln werden im Naturschutzgebiet streng überwacht.
- Broschüren und Karten sind beim Besucherzentrum erhältlich. Wenn es geschlossen ist, kann man sich an den Holztafeln informieren.

15. MAVERICKS: RIESENWELLE FÜR DIE BESTEN SURFER

Wer unter der kleinen Gruppe der besten Big Wave Surfer der Welt ein Wort mitreden möchte, surft die legendäre Welle der Westküste, Mavericks – die einzige Riesenwelle des US-amerikanischen Festlands. Der Name allein flößt Respekt ein und die in Surf City Santa Cruz ansässigen Elitesurfer sind als „Mavericks Crew“ weltberühmt und geachtet. Ken Collins, Peter Mel, Darryl „Flea“ Virostko und Jeff Clark wurden Titelbilderhelden auf Zeitschriften wie Vanity Fair und natürlich im Fachblatt Surfer Magazine. Die Welle und die robusten Athleten haben mehrere Filme inspiriert. Zwei Wettbewerbe ziehen jährlich die Weltbesten Surfer nach Half Moon Bay.

Die Welle ist erst seit den 1990er-Jahren wirklich bekannt geworden. Damals munkelte man in Surferkreisen, dass es südlich von San Francisco eine Riesenwelle gäbe. Keiner wollte es so recht glauben, da sie vom Strand aus schlecht zu sehen ist, bis das Surfer Magazine die Welle Mavericks als Titelbild veröffentlichte. Es war eine Sensation.

JV Fitzgerald Marine Reserve lockt direkt nördlich von Mavericks.

Mavericks Surfer

Maverick bedeutet „Außenseiter" und „wagemutig". Das sind die Männer und Frauen, die es wagen, in diese Welle rein zu paddeln zweifelsohne. Der Ursprung des Namens der Welle ist allerdings wesentlich banaler: Ein Surfer hatte einen Schäferhund namens Maverick, der immer versuchte mit hinaus zu schwimmen. So benannte er die Lieblingswelle seines Hundes dann einfach nach dem Vierbeiner.

Mavericks Wellen sind gefährlicher, schwieriger und tödlicher als alle hawaiianischen Wellen. Die Wassertemperatur schwankt

Jeff Clark's Surfshop für die Helden der Welle

zwischen elf und zwölf Grad Celsius. Surfer tragen die dicksten Neoprenanzüge, Surfstiefel, Handschuhe und Kapuzen, um die Kälte auszuhalten.

Die Welle entsteht, wenn Pazifikstürme aus dem Norden, also Japan oder Alaska, die Küste herunterrollen. Mavericks Wellen sind entweder platt oder riesig. Es gibt keine kleineren Wellen zum Üben. Wenn ein Sturm den Pazifik auf die Küste schiebt, baut sich das Wasser als eine stabile, zuverlässige „Monsterwelle" auf. Die Wellen messen im Durchschnitt acht Meter, die dann bis zu 18 Meter hoch werden können. Am Boden ist ein felsiges Reef. Das Fallen vom Brett ist am Ende fast unvermeidbar und endet häufig mit blutigen Schnittwunden und zerbrochenen Surfbrettern.

Die Welle hat mehrere Surfer das Leben gekostet, darunter Topathleten wie Mark Foo und Sion Milosky. Schauspieler Gerard Butler ist beim Filmen von „Chasing Mavericks" dem Tod nur knapp entgangen.

Mavericks Beach

Wenn sich Mavericks aufbaut, versammelt sich eine ganze Fangemeinde. Es ist ein einzigartiges Erlebnis, die donnernden Wellen zu hören, die Gischt des Meerwassers im Gesicht zu spüren und die Surfer zu verfolgen. Die Erinnerungen bleiben fürs Leben.

INFO

Lage: Die Half Moon Bay liegt in San Mateo County, etwas nördlich von Santa Cruz; Pillar Point, Princeton-by-the-Sea, Half Moon Bay, CA 94019

Anfahrt: Von Daly City SR-1 South nach El Granada. In El Granada rechts auf Cypress Avenue, die übergeht in Airport Street. 2,5 Kilometer weiter rechts ab auf Stanford Avenue, dann sofort rechts auf West Point Avenue, der Pillar Point Marsh Parkplatz liegt links. Vom Süden von SR-1 North in El Granada links auf Capistrano Road, links auf Prospect Way, rechts auf Broadway, links auf Harvard Avenue und schließlich rechts auf West Point Avenue. Das Parken ist kostenlos.

Unterkunft:

- Oceano Hotel & Spa: 280 Capistrano Road, Half Moon Bay, California 94019, Tel. +1 650 726 5400, *oceanohalfmoonbay.com*

Website: *surfline.com/surf-report/maverick-s/5842041f4e-65fad6a7708801*

Hinweise:

- Mavericks' Surfsaison ist von Oktober bis April. Surfline veröffentlicht täglich einen Wellenbericht. Der am nächsten liegende Surfpunkt befindet sich etwa 400 Meter vor der Steilküste. Die zweite, größere Welle liegt etwas mehr als einen Kilometer weit draußen. Bringen Sie unbedingt das Fernglas mit. Während der Surf-Wettbewerbe wird der Zugang gesperrt, da die Veranstalter dann Eintritt verlangen.
- Mavericks Beach ist ein bekannter Sammelpunkt für weiße Haie.
- Der berüchtigte Küstennebel kann sich innerhalb von Minuten entwickeln, während die Wellenreiter noch einen Kilometer weit draußen sitzen.
- Der Parkplatz ist schnell voll. Sie haben die Auswahl zwischen einem Pfad, der links einen knappen Kilometer zum Strand führt, und dem Pillar Point Bluff Trail, der auf die Anhöhe führt, von der man eine bessere Sicht auf die „Monsterwellen“ hat.

Sierra Nevada

Emerald Bay

Sierra Nevada

16. Lake Tahoe: Wanderungen im Emerald Bay State Park
17. Ein Tag auf dem berühmten Pacific Crest Trail
18. Highway 395: Traumstrecke im Osten Kaliforniens
19. Mono Lake: Mondlandschaft in uraltem Salzsee
20. „49er" für einen Tag: Abenteuer Goldschürfen
21. Calaveras Big Trees State Park: Riesen-Mammutbäume

Reno
Fernley
Sparks
80
395
Fallon
Truckee
Virginia City
Silver Springs
Incline Village
Crystal Bay
Tahoe City
Carson City
50
Middlegate
16
17
South Lake Tahoe
Gardnerville
Yerington
Pollock Pines
18
Grizzly Flats
Markleeville
NEVADA
95
395
Hawthorne
Mina
Pine Grove
21
Arnold
Bridgeport
Angels Camp
20
Twain Harte
19
6
Tuolumne
Jamestown
Yosemite National Park
Lee Vining
Sonora
Big Oak Flat
June Lake
Coulterville
Mammoth Lakes
KALIFORNIEN
49
Snelling
Mariposa
Merced
Bishop
Ahwahnee
Oakhurst
North Fork
Lakeshore
395
Big Pine
Chowchilla
Madera
Tal des Todes Nationalpark
41
99
Biola
Fresno
Independence
Fowler
Lone Pine
Sequoia Nationalpark
Traver
Visalia
18
Panamint Springs
Olancha
198
Coalinga
Tulare
Tipton
Porterville

16. Lake Tahoe: Wanderungen im Emerald Bay State Park

Lake Tahoe ist eines der beliebtesten Urlaubsziele des Westen. Die meisten Hotels, Casinos, Geschäfte und Restaurants befinden sich in den Städten Tahoe City, Incline Village und South Lake Tahoe. Der Emerald Bay State Park erstreckt sich an einer der schönsten Buchten, in der auch die einzige Insel des Sees liegt. Hier findet man viel Natur, Ruhe, klare Nachthimmel voller Sterne und kann im Sommer selbst tagsüber Schwarzbären sehen.

Lake Tahoe

Der Rubicon Trail ist die beliebteste, leicht zugängliche, aber auch stark frequentierte Wanderung. Der Weg ist 26,4 Kilometer lang und führt entlang der Bucht, mit Start- bzw. Endpunkten am Parkplatz von Emerald Bay State Park im Süden und D.L. Bliss State Park im Norden.

Vom Parkplatz geht es auf dem Waldpfad leicht bergauf und bergab, fast immer mit fantastischem Blick auf den See und Fannette Island. Auf Seehöhe gelangt man zunächst zu der schlossartigen,

Villa Vikingsholm

skandinavischen Villa Vikingsholm. Vikingsholm war das Sommerhaus einer Milliardenerbin der 1920er-Jahre, die von einem schwedischen Schloss träumte und keine Kosten scheute. Vom Memorial Day Ende Mai bis Ende September werden Besichtigungen von Vikingsholm und der vorgelagerten Insel Fannette angeboten.

Der direkte Zugang zur Villa ist eine sehr steile, knapp vier Kilometer lange Wanderung vom Parkplatz auf der SR-89. Es geht dabei 152 Meter steil bergab. Der Zugang über den Rubicon-Wanderweg ist weiter, aber dafür weniger steil.

Nach Vikingsholm schlängelt sich auf der Nordseite der Bucht der Pfad an einer Reihe von Seestränden vorbei. Am Bootscamp gibt es zwanzig einfache Zeltplätze, mit WCs und Trinkwasser, und einen Zugang für Ruderboote, Kajaks und Schwimmer. Am Ende der Bucht führt der Rubicon Trail weiter bergauf, nördlich am See entlang, wo der benachbarte D.L. Bliss Park beginnt.

Seit 2018 hat die Emerald Bay eine außergewöhnliche Attraktion zu bieten: Der erste maritime Wanderweg Kaliforniens, der Emerald Bay Maritime Heritage Trail, führt Taucher an vier Punkten zu zwölf

Blick vom Rubicon Trail auf Emerald Bay

gesunkenen Schiffen und zwei Kähnen, die teilweise über hundert Jahre alt sind. Tahoe ist der zweittiefste See der USA und bis zu 501 Meter tief. Das Wasser ist immer kalt und sehr klar. Dadurch sind die Wracks sehr gut erhalten. Die vier Tauchstätten wurden mit wasserfesten Beschriftungen ausgestattet, die die Geschichte der Wracks erzählen.

In South Lake Tahoe und Camp Richardson finden Sie Strände, Hotelanlagen mit allen Dienstleistungen, Reitställe sowie auch viele Unternehmen, die Kajaks vermieten, Bootstouren anbieten und Besucher mit allem anderen versorgen, was man zur Unterhaltung braucht.

Seezugang nahe Camp Richardson

INFO

Lage: Der Emerald Bay State Park liegt am Südwestufer des Sees, an SR-89, 35,5 Kilometer südlich von Tahoe City und 19 Kilometer nördlich von South Lake Tahoe; 138 Emerald Bay Road, South Lake Tahoe, CA 96150

Anfahrt: SR-89 verbindet I-80 im Norden und I-50 im Süden. Lake Tahoe liegt etwa zwei Stunden Fahrt von Sacramento und 1,5 Stunden von Reno (Nevada).

Parkgebühr: 9 USD im Sommer, 5 USD im Winter

Aktivitäten:
- Vikingsholm: Besichtigung der luxuriösen Sommervilla alle 30 Minuten von 10:30 bis 16 Uhr; Erwachsene 15 USD, Kinder, Jugendliche und Studenten im Alter von sieben bis 17 Jahre mit gültigem Schülerausweis 12 USD, Kinder unter sieben Jahren kostenlos
- Tahoe Dive Center: Bootstouren mit Ausrüstung und professioneller Führung; 300 USD pro Person; tahoedivecenter.com/tours

Unterkünfte: Von Memorial Day Wochenende Ende Mai bis 30. September sind die Zeltplätze offen;
ab 40 USD pro Nacht; Reservierungen können bis zu sechs Monate im Voraus gemacht werden;
Tel. +1 800 444 7275,
reservecalifornia.com/CaliforniaWebHome

Websites:
- *parks.ca.gov/?page_id=506*
- *sierrastateparks.org/new-emerald-bay-maritime-heritage-trail*

Hinweis: Der Park liegt auf fast 2000 Meter Höhe. Vom 1. Oktober bis Ende Mai sind Dienstleistungen sehr eingeschränkt, das heißt, Wanderwege werden im Winter nicht geräumt und können vereist und verschneit sein. Die WCs sind dann nur am Vikingsholm-Bootssteg zugänglich, die Trinkwasserbrunnen sind geschlossen.

17. Ein Tag auf dem berühmten Pacific Crest Trail

In dem Hollywoodfilm „Der große Trip – Wild“ machte Schauspielerin Reese Witherspoon als Cheryl Strayed Schlagzeilen, aber der wirkliche Star des Films ist der Pacific Crest Trail, eine weltberühmte Extremwanderung, die durch Wüsten und Gebirge führt. Der Abschnitt in der kalifornischen Sierra Nevada gilt als eine der schönsten Wanderungen der Welt.

Wer nicht den ganzen Trail wandern möchte, immerhin 4270 Kilometer von der kanadischen bis zur mexikanischen Grenze, muss aber nicht gänzlich verzichten: Von einigen Startpunkten kann man diese Erfahrung auch als Tagesausflug erleben. Zwei Vorschläge zur Auswahl, je nach Zeit, Fitness und Ausdauer sind hier aufgelistet.

Auf US-50 laufen Pacific Crest und Tahoe Rim Trails zusammen.

Ganztages-Wanderung

Die Strecke in der Nähe von South Lake Tahoe, die den Echo Peak und den Carson Pass verbindet, ist eine abschnittsweise schwierige Wanderung, die gut 21 Kilometer durch die Berge führt. Dabei geht es teilweise steil bergauf, 495 Meter insgesamt. In den Gipfellagen kann der Weg auch im Juni noch vereist sein.

Die Belohnung für die Mühe sind die besten Aussichten und die Vielfalt der Natur: vulkanische Felsformationen, liebliche Bergseen, grandioses Berggipfel-Panorama, bunte, saftige Wiesen und sehr wenige Menschen. Die Luft ist frisch, die Ruhe wunderbar. Am schönsten ist diese Wanderung im frühen Sommer, wenn alle Bergwiesen in Blüte sind. In den tieferen Lagen wachsen Germer, Schneepflanzen, Kalifornische Rottanne, Jeffrey- und Ponderosa-Kiefern. An der Baumgrenze gedeihen gelbe Bergastern, Berg-

Blaue Wegweiser bezeichnen den PCT.

schierling und weißstämmige Zirbelkiefern. Gambelmeisen, Winterammern, Diademhäher, Kiefernhäher und Rotschwanzbussarde füllen die Stille mit Vogelgesang. Außerdem leben hier Schwarzbären, Schlangen, Kojoten, Rehwild und Murmeltiere.

Sollten Sie die gesamte Strecke bewältigen wollen, ist Ihr Ziel der Meiss Trailhead an der SR-88 beim Carson Pass; GPS: 38.6963988,-119.9918215.

Kürzere Wanderung

Die zweite Wanderstrecke gilt als „einfach" und geht vom Echo Peak aus nördlich in die Desolation Wilderness, zu den Echo Lakes. Die gesamte Strecke beträgt acht Kilometer und der Höhenunterschied knapp 61 Meter auf eine Höhe von etwa 2300 Metern.

Auf der gesamten Strecke genießen die Besucher die Aussicht auf den Bergsee, der von Chalets umringt wird. Die Baubestimmungen sind streng, die Häuser sind meistens hinter Bäumen versteckt, um die Natur nicht zu stören. Der Lower Echo Lake ist nur einer von mehreren lieblichen Seen, die in dieser schönen Bergwiesenlandschaft liegen.

Karte bei Echo Summit

Von Echo Lake aus starten diverse Wanderungen in beliebiger Länge zu den Seen. Aller Besucher müssen sich am Selbstbedienungskiosk beim Informationsstand einen kostenlosen Wildnis-Passierschein ziehen.

Im Sommer betreibt das Echo Chalet ein Wassertaxi, das vom Nordende des Lower Echo Lakes ans Chalet zurückfährt. Es kostet 20 Dollar pro Person, und mindestens 60 Dollar pro Tour. Am Ende des Sees befindet sich ein Telefon mit direkter Leitung zum Chalet, von dem aus man das Taxi bestellen kann. Sollte die vier Kilometer lange Unterwasserleitung nicht funktionieren, gibt es auch eine Telefonzelle, die Kreditkarten akzeptiert.

Wegweiser zum PCT

Echo Summit Trail

INFO

Lage: Dieser Teil des PCT überquert den US-50. Im angrenzende Skigebiet kann man gut parken.

- Ganztages-Wanderung: Tahoe Rim Trail, South Lake Tahoe, CA 96155, im Gelände des Adventure Mountain Lake. GPS: 38.8124438,-120.0339912. Der Parkplatz liegt direkt an der südlichen Seite von US-50 bei dem Skigebiet Echo Summit, 18,6 Kilometer westlich von South Lake Tahoe.
- Kürzere Wanderung: Echo Lakes Trailhead, Echo Lake, CA 95721. GPS: 38.8352998,-120.0440998. Vom US-50 geht die Abfahrt nördlich ab auf Echo Drive bei Echo Lake Sno-Park. Folgen Sie den Schildern nach Echo Chalet. Die Abfahrt liegt gegenüber von Adventure Mountain.

Eintritt: Parken im Sommer bei Adventure Mountain 8 USD

Unterkunft:

- RV Park Adventure Mountain: in den Sommermonaten; *adventuremountaintahoe.com/services/rv-sites*

Website: *pcta.org*

18. Highway 395: Traumstrecke im Osten Kaliforniens

Hochwüste, Bergpanorama, alte Städte des Westens, Museen, bizarre Landschaften, uralte Bäume und eine Geisterstadt: Eine Fahrt auf dem Highway bringt Abwechslung und viele schöne Erlebnisse.

Wenn man von Los Angeles nach Norden unterwegs ist, ist der erste Stopp der Olancha Sculpture Garden, ein ständig wachsendes Projekt der Kunstschmiedin Jael Hoffmann. Die Metallfiguren haben mit der Wüstenlandschaft den passenden Rahmen erhalten. Weiter geht es zum Wandern, zum Mount Whitney Trail, etwa 20 Kilometer westlich von Lone Pine. Vom Whitney Portal auf 2438 Metern genießt man eine atemberaubende Sicht auf die Bergkette.

Der Mobius Arch bei Lone Pine

An der Whitney Portal Road liegen auch die Alabama Hills und der Mobius Arch. Die felsige Landschaft war Kulisse für hunderte von Filmen. Die Alabama Hills bieten die besten Fotomotive auf der Strecke. Der Mobius Arch ist ein natürlicher Rahmen für beeindruckende Bilder vom Mount Whitney.

Nach etwa 25 Kilometern erreicht man Manzanar, wo man sich in der Manzanar National Historic Site, einem beeindruckenden

Ancient Bristlecone Pine Forest

Museum, über eine dunkle Seite der amerikanischen Geschichte informieren kann: Im Zweiten Weltkrieg waren hier japanische Amerikaner interniert.

Die ältesten Bäume der Welt sind die Kiefern im Ancient Bristlecone Pine Forest, den man über SR-168 nach etwa 1,5 Stunden Fahrt erreicht. Methuselah soll 4848 Jahre alt sein. 2016 wurde eine andere Kiefer auf über 5000 Jahre geschätzt. Die genauen Standpunkte sind geheim. Am Besucherzentrum beginnen zwei Wanderungen: der 1,6 Kilometer lange Discovery Trail, der gut ausgeschildert ist. Der Methuselah Trail ist 6,4 Kilometer lang. Die größten Borstenkiefern der Welt stehen im Patriarch Grove, 19,3 Kilometer weiter in die Wildnis. Die Straße ist unbefestigt und schwierig und erfordert ein Fahrzeug mit Allradantrieb. Hier gibt es keinerlei Service, kein Trinkwasser, nur Trockentoiletten.

Zurück auf US-395 gen Norden ist mit 4000 Einwohnern Bishop die größte Stadt am Highway. Hier findet man Super- und Drogeriemärkte, Sportartikelgeschäfte, Antiquitäten und Andenken. Besonders erwähnenswert ist die holländische Erick Schat's Bakery, wo es das Original Sheepherder Bread gibt, das 1938 hier zum ersten Mal gebacken wurde.

Laws Railroad Museum

Das Freiluftmuseum Law's Railroad Museum and Historical Site, etwa neun Kilometer nordwestlich von Bishop, vermittelt einen zeitgetreuen Eindruck der 1880er-Jahre, als eine Bahnstrecke von Reno, Nevada, über Law nach Keeler führte. 43 teils originale Gebäude und ein kompletter Zug mit Dampflokomotive lassen den Wilden Westen auferstehen.

Aberdeen Esel

Bodie State Historic Park

Nördlich von Bishop wird die Strecke einsamer, die Dörfer seltener, die Natur wilder und die Sicht endloser. Sie passieren fünf Bergpässe. Die Hot Creek Geological Site, eine Landschaft voller Geysire und kochend heißer Quellen bei Mammoth Lakes, und der June Lake Loop, eine wunderschöne Aussichtsstrecke um June Lake, Gull Lake, Silver Lake und Grant Lake auf der SR-158 sind weitere Etappenziele.

Am Mono Lake vorbei geht es nun zum Bodie State Historic Park, ein ehemaliges Goldgräberdorf mit mehr als 200 historischen Gebäuden, die von der Parkverwaltung instandgehalten werden. Besucher können durch das verlassene Dorf schlendern. Es gibt jedoch keine Geschäfte.

Eine knappe Stunde weiter nördlich wird die Natur von schrillen Neonlichtern und Casino-Plakaten am Straßenrand radikal unterbrochen. Sie sind in Nevada angelangt.

INFO

Lage: Der US-395 ist die Süd-Nord-Verbindung von Südkalifornien nach Reno, Nevada, im Osten Kaliforniens. Sie beginnt als Abzweig von I-15 bei Hesperia und endet bei Topaz Lake, Nevada. Von der Staatsgrenze sind es nur noch 1,5 Stunden Fahrt bis Reno, bekannt als „kleinste Großstadt der Welt".

Aktivitäten/Adressen:

- Olancha Sculpture Garden: Old State Highway, Olancha, CA 93549, GPS: 36.2622528,-117.997467, *jsculpt.com/sculpture-gardens.php*
- Alabama Hills und Mobuis Arch Loop: Parkplatz: GPS: 36.6113294,-118.1249464
- Manzanar National Historic Site: 5001 US-395, Independence, CA 93526, *nps.gov/manz/index.htm*
- Ancient Bristlecone Pine Forest: im Winter geschlossen; 3 USD; White Mountain Road, Bishop, CA 93514, GPS: 37.3853104,-118.1782731, *fs.usda.gov/detail/inyo/specialplaces/?cid=stelprdb5129900*
- Erick Schat's Bakery: täglich 6 bis 18 Uhr; 763 North Main Street, Bishop, CA 93514, *schatsbakery.com*
- Law's Railroad Museum and Historical Site: Silver Canyon Road, Bishop, CA 93514, GPS: 37.4005889,-118.3463194, *lawsmuseum.org*
- Hot Creek Geological Site: Hot Creek Hatchery Road, Mammoth Lakes, CA 93546, *fs.usda.gov/recarea/inyo/recarea/?recid=20414*
- Bodie State Historic Park: Das Besucherzentrum ist von Mitte Mai bis Mitte Oktober geöffnet, im Winter sind Öffnungszeiten wetterabhängig; Erwachsene 8 USD, Kinder (vier bis 17 Jahre) 5 USD; SR-270, Bridgeport, CA 93517, *parks.ca.gov/?page_id=509*

Unterkunft:

- Creekside Inn: 725 North Main Street, Bishop, CA 93514, Tel. +1 760 872 3044, *bishopcreeksideinn.com*

Hinweise:

- Die gesamte Strecke von Hesperia bis Reno, Nevada, beträgt fast 700 Kilometer. Man sollte mindestens eine Übernachtung einplanen. Bishop liegt auf halbem Wege.
- In den Wintermonaten kann es hier Glatteis und Schnee geben, insbesondere nördlich von Bishop.

19. MONO LAKE: MONDLANDSCHAFT IN URALTEM SALZSEE

Es mangelt nicht an extremen und bizzaren Landschaften in Kalifornien. Auch der Mono Lake enttäuscht in dieser Hinsicht nicht! Allein schon der Blick von der Straße auf die skurrilen Tuffsteintürme und Höcker in dem uralten Salzsee ist atemberaubend.

Die bizarrsten Tuffsteintürme stehen am Ostufer.

Der Mono Lake ist einer der ältesten Seen Amerikas. Er entstand durch vulkanische Aktivität vor ungefähr einer Million Jahren. Der See wird von den mineralhaltigen Bergflüssen der Sierra Nevada gespeist. Da es keinen Abfluss gibt, sinkt der Wasserspiegel nur durch Verdunstung, die Kalkablagerungen bleiben zurück. Paoha Island im See soll vor ca. 350 Jahren bei einem Vulkanausbruch entstanden sein. Mono Lake liegt nah am Long Valley Caldera, einem der größten Krater der Welt.

Das Wasser ist so salzig, dass es Schwimmer auf der Oberfläche trägt. Es ist zweieinhalb Mal salziger als Meerwasser und sehr alkalihaltig. Der pH-Wert misst 10. Es wird davor gewarnt, das Wasser in die Augen oder offene Wunden zu bekommen.

Rubber Rabbitbrush (ericameria nauseosa) blüht im Spätsommer.

Fische können hier nicht überleben, aber im See leben Trillionen von Salzwassergarnelen, die es nur hier gibt. Auch die Salzfliegen sind endemisch. Beide dienen als Nahrung für die Vögel, die hier auf ihrem Zug Pause machen, brüten oder leben. Das Mono Lake Basin gehört zu der Vogelzugstrecke „Pacific Flyway", und Millionen von Zug-, Raub-, Sing- und Wasservögeln sind über das Jahr

Abendstimmung am Ostufer

Ein Ranger präsentiert die Shrimp auf der Tour.

verteilt vor Ort. Um die 50.000 kalifornische Möwen, eine der größten Kolonien im Westen, brüten in den Sommermonaten am Nordufer, wo man vom Bohlenweg aus Zugang zu Feuchtwiesen und dem Seeufer hat.

Ornithologen sind besonders fasziniert von den Wilson-Wassertretern, die hier mitten im Sommer auf dem Zug vom hohen Norden nach Lateinamerika einen Zwischenstopp einlegen, um zu mausern und an Gewicht zuzulegen, bevor sie ihren Non-Stop-Flug von 5000 Kilometern zu den Salzseen in den Anden beginnen. Im Herbst finden sich hier auch bis zu zwei Millionen Schwarzhalstaucher ein. Für einige Wochen fressen sie hier Garnelen und Fliegen, verdoppeln oder verdreifachen ihr Gewicht, bevor sie in die Wintergebiete in Südkalifornien ziehen. Fischadler bauen seit den 1980er-Jahren Nester auf den Spitzen der Tuffsteintürme am südlichen Ufer, weil der Wasserspiegel soweit gesunken ist, dass die Türme Schutz vor Raubtieren bieten. Die Adler wohnen hier

Wanderung auf South Tufa Loop

und fliegen zum Jagen an die Süßwasserseen an der Ostflanke der Berge.

Am besten beginnt man einen Besuch am Besucherzentrum, wo man Broschüren und Informationen erhält. Das Mono Lake Committee bietet hervorragende kostenlose Touren und Seminare an. Auf einer einstündigen, geführten Wanderung sieht man Tuffsteintürme, Naturwasserquellen, Vögel, Salzwassergarnelen und erfährt viel über die einzigartige Geschichte dieses Sees. Auch Touren für Hobby-Ornithologen sowie Kanufahrten stehen auf dem Programm. Der South Tufa Loop ist ein 1,6 Kilometer langer, befestigter Rundweg. Auf dieser Strecke sieht man die schönsten Tuffsteintürme und Höcker und kann auch die Füße ins salzige Wasser tauchen.

INFO

Lage: Die Mono Lake Tufa State National Reserve liegt im Osten von Kalifornien an der US-395, die Südkalifornien mit Reno, Nevada, verbindet. Der östlichste Teil vom Yosemite National Park ist 21 Kilometer entfernt.
GPS: 37.9656511,-119.121049

Aktivitäten:

- Mono Basin Visitor Center: täglich 8 bis 17 Uhr; 3 USD pro Person, Kinder und Jugendliche unter 15 Jahre frei; Visitor Center Drive, Lee Vining, CA 93541
- Hauptquartier des Mono Basin Committee: mit Bücherei und Geschenkladen, gleichzeitig die Handelskammer von Lee Vining; Donnerstag bis Samstag 9 bis 17 Uhr; US-395/Ecke Third Street; Lee Vinig, CA 93541.

Websites:

- *www.parks.ca.gov/?page_id=514*
- *monolake.org*

Hinweis: Das Naturschutzgebiet ist rund ums Jahr geöffnet, aber der Zugang zu Yosemite National Park ist in den Wintermonaten geschlossen. In den Wintermonaten sind die meisten Geschäfte in Lee Vining geschlossen.

20. „49ER" FÜR EINEN TAG: ABENTEUER GOLDSCHÜRFEN

Kein Ereignis war in der Entwicklung des Staates Kalifornien so wichtig wie der Goldrausch von 1849. Der Rausch begann am 24. Januar 1848, als der Tischler James Wilson Marshall in der Nähe der Ortschaft Coloma im American River Goldstaub fand. Sutter's Mill wurde der Geburtsplatz des Goldrausches. Das Timing war perfekt, denn nur wenige Tage später endete der Mexikanisch-Amerikanische Krieg mit dem Abkommen von Guadalupe Hidalgo – und Kalifornien wurde amerikanisch.

Eingang Matelot Gulch Mining Company

Obwohl Sutter und Marschall versuchten, den Goldfund geheim zu halten, sickerten Gerüchte erst nach San Francisco und dann, durch Zeitungsartikel und Augenzeugenberichte, in der ganzen Welt durch. Eine Lawine abenteuerhungriger Menschen, größtenteils Männer, ergoss sich über die Vorgebirge der Sierra Nevada. Insgesamt wurden zwei Milliarden Dollar Gold aus den kalifornischen Bergen gefördert. Aber nach nur einem knappen Jahrzehnt war der Goldrausch vorbei. Trotz der harten Arbeit waren die

Lehrer Marco am Becken

meisten Abenteurer am Ende des Goldrausches bald wieder so arm wie vorher. Das wirkliche „Gold" wurde damit verdient, die Minenarbeiter mit Waren und Dienstleistungen zu versorgen. Levi Strauss fing hier an, seine Jeans zu nähen. Die erste Bank des Westen, Wells Fargo, wurde gegründet.

Das Nugget

Beim Besuch der Matelot Gulch Mining Company wird man in die Zeit und Atmosphäre der Gold Rush versetzt. Die Mine ist seit 1964 im Familienbesitz. Das alte Haus, ein historisches Gebäude aus dem 19. Jahrhundert, ist der einzige Privatbesitz, da es ursprünglich nicht zum Columbia State Historic Park gehörte. Die stolzen

Columbia State Historic Park

Betreiber geben sich besondere Mühe, das Goldschürfen so authentisch wie nur möglich zu gestalten. Aufgrund der historisch korrekten Wiedergabe dieser Zeit und der dadurch anschaulichen, lebendigen Geschichte arbeiten die Betreiber mit dem Schulamt des Landkreises zusammen. Unter Führung und Anleitung wird es Kindern, Jugendlichen und auch Erwachsenen ermöglicht, diese Zeiten zu erleben und Spaß zu haben bei der Suche nach dem eigenen Gold. Die Ausrüstung wird gestellt.

Zuerst geht es – historisch korrekt – zu den Trögen. In der Stadt Columbia floss schon 1850 nicht genügend Wasser, um direkt am Fluss zu schöpfen. Die Goldsucher leiteten Wasser aus nahe gelegenen Flüssen über Gräben und Rinnen in Tröge, wo sie dann Wasser und Geröll siebten. Angestellte in Kleidung der damaligen Zeit demonstrieren das korrekte Waschen und Sieben, bei dem man das schwerere

Matelot Gulch Geschenk- und Souvenirboutique

Gold vom Sand trennt. Die Hobbyschürfer dürfen ihr Gold als Andenken mitnehmen.

Die Eintrittsgebühr gilt den ganzen Tag. Man kann also zwischendurch gerne mal Pause machen, bei Matelot Gulch Souvenirs und Geschenke kaufen, Mittagessen oder schlendern, bevor man sein Glück noch einmal versucht. Im Gegensatz zur harten Realität des Goldrausches finden alle Besucher hier ein bisschen glitzerndes Metall!

INFO

Lage: Die Matelot Gulch Mining Company liegt im Columbia Historic State Park an SR-49; 22675 Main Street, Columbia, CA 95310

Anfahrt: Die nächste größere Stadt ist Modesto an der Autobahn SR-99; 1,5 Stunden Fahrt bis zum Park durch rollende Hügel- und Graslandschaften.

Öffnungszeiten: täglich 10 bis 17 Uhr, Labor Day bis Ostern Montag, Mittwoch, Freitag 11 bis 16 Uhr; Samstag, Sonntag 10 bis 17 Uhr. Bei schlechtem Wetter bitte anrufen,
Tel. +1 209 532 9693

Eintritt:

- Columbia State Historic Park: frei
- Matelot Gulch Mining Company: bietet verschiedene Aktivitäten von 7 USD bis 16 USD pro Person.
  Da Goldschürfer Goldstaub bekommen, sind die Beträge abhängig vom tagesaktuellen Goldpreis.

Unterkunft:

- National Hotel and Restaurant: 18183 Main Street, Jamestown, CA 95327, Tel. +1 209 984 3446, *national-hotel.com*

Websites:

- *matelotgulchminingco.com/about.htm*
- *parks.ca.gov/?page_id=552*

Hinweis: Ziehen Sie Sich leger und bequem an.
Sie „arbeiten"! Schmutzig wird man aber nicht.

21. Calaveras Big Trees State Park: Riesen-Mammutbäume

Der Calaveras Big Trees State Park ist kleiner und weniger bekannt als die umliegenden Nationalparks, und daher deutlich weniger besucht. Gleich bei der Einfahrt auf den Parkplatz kommt die angenehme Überraschung: Es gibt nur drei Parkplätze für Busse, der Rest des Platzes ist nur für kleine Camper und Pkw. Einer der ersten Eindrücke ist die Stille! Kein Hupen, keine Hubschrauber, keine Menschenmengen. Stattdessen Vogelgezwitscher, das Rascheln von Rehwild im Wald, das Gurgeln eines Bergbaches. Stille. Es duftet nach Wald.

Der North Grove Trail ist gut ausgeschildert.

Der North Grove Trail liegt hinter dem Besucherzentrum. Diese Wanderung ist zugänglich für alle, auch mit Rollstuhl oder Kinderwagen. Die Wege sind eben und teilweise als Holzstege ausgebaut, um die empfindlichen Baumwurzeln zu schützen. Der Rundgang ist nur 2,5 Kilometer lang und leicht in einer Stunde zu schaffen. Viele verbringen hier jedoch mehr Zeit, denn die Tierwelt ist an Besucher gewöhnt, und Rehwild und Streifenhörnchen kommen auch am Tage aus der Dichtung oder dem Erdloch gerne heraus.

Im Besucherzentrum befindet sich ein Buchhandel mit Geschenkartikeln. Im kleinen Museum wird einem Flora und Fauna des Parks nahegebracht.

Der South Grove Trail ist gute zwölf Kilometer entfernt, auf der schmalen Straße 1,5 bis zwei Stunden. Dafür ist dieser Teil des

Parks wilder, größer, unzugänglicher. Oft ist man hier allein. Am tiefsten Punkt der Strecke geht die Straße über den Stanislaus River, an dessen Ufer häufig Forellenangler ihr Glück versuchen. Der Rundgang ist acht Kilometer lang, man braucht drei bis vier Stunden. Es gibt keine Bänke und er ist nicht für Rollstühle, Rollatoren oder Kinderwagen geeignet. Der Weg ist wild, hügelig, sehr sandig und staubig. Am Anfang durchquert man eine saftige Bergwiese und den Beaver Creek, einen Bergbach. Hier zweigt der Bradley Grove Trail ab, der durch einen jungen Mammutbaumhain drei Kilometer hin und zurück führt.

Rehwild

Nach dem Überqueren der Brücke geht es sanft bergan zur South Grove. Hier hat man immer weniger menschliche Gesellschaft. Es gibt auch kein Handynetz. Man ist mit sich und der Natur allein.

Hain mit jungen Bäumen

Schild am Beginn der South Grove Schlaufe

Erst hinter der Kreuzung mit einer Feuerschneise erreicht man den Mammutbaumhain. Die bekanntesten Bäume, der Palace Hotel Tree, der älteste in diesem Hain, und der Agassiz Tree stehen am Ende des Rundwegs. Agassiz ist mit 76 Metern als „Riese" eingestuft und hat in zwei Meter Höhe einen Durchmesser von 7,6 Metern. Der Weg führt von hier zurück durch weitere Mammutbaumstände und Mischwald.

Hohler Stamm zum Durchkriechen

Hain mit jungen Bäumen

INFO

Lage: Der Calaveras Big Trees State Park liegt an der SR-4, ca. 40 Minuten Fahrt von Angels Camp entfernt, etwa zwei Stunden südöstlich von Sacramento; 1170 SR-4, Arnold, CA 95223

Anfahrt: Die nächste Autobahn ist SR-99 auf der Höhe von Stockton. SR-4 kreuzt hier SR-99. Ausfahrt 252/Golden Gate Avenue, dann 118 Kilometer gen Osten auf SR-4 bis zum Parkeingang auf der rechten Seite. Die durchschnittliche Fahrzeit von Stockton beträgt 1,5 Stunden.

Öffnungszeiten: 6 bis 18 Uhr. North Grove liegt direkt am Besucherzentrum und ist rund ums Jahr geöffnet. Die South Grove schließt mit dem ersten Schnee, circa Mitte November bis Mitte April. Besucherzentrum 10 bis 17 Uhr

Eintritt: 10 USD pro Fahrzeug

Website: *parks.ca.gov/?page_id=551*

Hinweis: Das Aufsammeln von Zapfen oder Ästen etc. ist nicht erlaubt und kann mit Geldstrafen bis zu 1000 USD belegt werden.

Zentrale Küste

See-Elefanten-Kolonie

Zentrale Küste

22. See-Elefanten bei Hearst Castle: ein wunderbares Naturereignis
23. Nur hier erlaubt: ATV-Fun am Strand in den Oceano Dunes
24. Weingebiet Paso Robles: klein und entspannt
25. Pinnacles National Park: Heimat des Kalifornischen Kondors
26. Kern County Museum: Geschichte des Öls, der Native Americans und der Pioniere

Le Grand
Chowchilla
Los Banos
152
Dos Palos
Madera
Hollister
Firebaugh
41
Clovis
San Juan Bautista
Tres Pinos
Mendota
Kerman
Fresno
San Joaquin
Raisin City
Del Rey
Sanger
Chualar
Gonzales
25
Selma
Dinuba
Reedley
Soledad
KALIFORNIEN
Traver
Woodlake
Hanford
Visalia
Three Rivers
Greenfield
99
Exeter
King City
198
Huron
Lemoore
Tulare
Lindsay
Coalinga
Corcoran
Porterville
San Ardo
Avenal
41
5
22
Delano
24
46
Paso Robles
McFarland
Shandon
Lost Hills
Wasco
Atascadero
Shafter
26
Morro Bay
Santa Margarita
San Luis Obispo
Bakersfield
23
Arroyo Grande
Arvin
Taft
Nipomo
New Cuyama
Santa Maria
Pine Mountain Club
Frazier Park
Lebec
101
Lompoc
Buellton
Solvang
Santa Ynez
Pazifischer Ozean
Santa Barbara
Goleta
Ventura
Oxnard
Thousand Oaks

22. See-Elefanten bei Hearst Castle: ein wunderbares Naturereignis

Nah am berühmten Hearst Castle, dem schlossartigen Anwesen des Zeitungsverlegers William R. Hearst aus den 1920er-Jahren, spielt sich ein wahres Naturereignis ab: am Strand zwischen San Simeon und der Piedras Blancas Light Station befindet sich die einzige See-Elefanten-Kolonie der Welt, die direkt an einer großen Landstraße liegt.

Die nördliche Elefantenrobbe ist an der Westküste der USA zu Hause. Die meisten Kolonien leben auf abgelegenen Inseln und an unzugänglichen Küstengebieten. Aber hier, direkt vor der Touristenattraktion, liegen die riesigen Tiere am Straßenrand. Die Bullen

Zwei Bullen im Wettkampf

wiegen bis zu 3700 Kilogramm und können vier bis fünf Meter lang werden. Die Kühe sind erheblich kleiner, mit einem durchschnittlichen Gewicht von 400 bis 900 Kilogramm und einer Länge von 2,5 bis 3,6 Metern. Die Tiere verbringen den größten Teil ihres Lebens, acht bis zehn Monate im Jahr, im Meer. Sie kommen nur zum Fellwechsel, dem Gebären der Jungen und der Paarung an Land.

See-Elefanten-Kolonie

Vor 130 Jahren waren pazifische Elefantenrobben fast ausgerottet. 1892 gab es nur noch weniger als hundert Tiere. Die mexikanische Regierung griff ein und stellte sie 1922 unter Schutz. Die USA folgten einige Jahre später. Der Erfolg der Rettungsaktion ist bemerkenswert. Die jetzige Zahl wird auf 225.000 Tiere geschätzt.

Die gemeinnützige Organisation Friends of the Elephant Seal arbeitet mit staatlichen Stellen zusammen, um die Tiere zu schützen und Besuchern unvergessliche Erlebnisse zu ermöglichen. Ehrenamtliche Dozenten teilen gerne interessante Information über die Kolonie und achten darauf, dass niemand die Tiere stört oder verletzt. Die beste Zeit die Tiere zu sehen ist von November bis März.

Im November kommen die riesigen Bullen an. Sie besetzen ihre Reviere am Strand, um den Kühen eine sichere Geburtsstätte zu bieten. Dabei buhlen sie um Dominanz. Der Streit kann laut und sehr beeindruckend werden. Die riesigen Bullen gehen oft schnell und aggressiv aufeinander los. Ab Dezember kommen die schwangeren Robbenkühe an den Strand. Drei bis sechs Tage später werfen sie ihre Jungen. Die Geburt findet meistens nachts statt. Das Junge wird nur für 24 bis 28 Tage von der Mutter gestillt. Am letzten Tag der Versorgung paart sich die Mutter mit dem Alphabullen und verlässt ihr Junges. Im März leert sich der Strand. Die Jungen bleiben zurück, denn das Schwimmen und Ernähren müssen sie ganz allein

See-Elefantenrobbe

lernen. Sie üben eifrig in den sicheren Wassertümpeln, um Stärke und Geschwindigkeit zu entwickeln. Im März und April sind die meisten Jungen bereit, ins offene Meer zu gehen. Es ist ein gefährliches Unterfangen, denn Haie und Orcas lauern auf Beute. Später im April kehren erst die Kühe und die jungen Tiere zum Fellwechsel an den Strand zurück, Ende Mai kommen die Bullen, jung und alt. Ende September kehren die Jährlinge an ihren Geburtsort zurück.

Der Parkplatz liegt direkt auf der westlichen Seite der Straße, mit direktem Zugang zu den Stegen und Aussichtsplattformen, die eine sichere Beobachtung der Tiere am Strand ermöglichen. Besucher sind wirklich nur wenige Meter von der Kolonie entfernt. Wer vor dem Besuch kurzfristig sehen möchte, ob Tiere am Strand sind, kann das mittels Webcam im Internet prüfen.

Diese riesigen Meeressäuger so hautnah zu sehen, riechen und hören ist ein unvergessliches Erlebnis!

INFO

Lage: Acht Kilometer nördlich von San Simeon/Hearst Castle an der SR-1. GPS: 35.6629651,-121.2577244

Anfahrt: Von San Luis Obispo und Morro Bay gen Norden auf SR-1, an San Simeon und am Hearst Castle State Historical Monument vorbei. Links einbiegen auf den Parkplatz am Aussichtspunkt. Der Strand liegt 74 Kilometer nördlich von San Luis Obispo. Von Monterey kommend fährt man gen Süden auf SR-1. Nach 145 Kilometern liegt der Strandparkplatz nur 2,4 Kilometer nach der Piedras Banca Light Station auf der rechten Seite.

Eintritt: frei

Websites:

- *elephantseal.org*
- *Webcam: elephantseal.org/live-view*

Hinweis: Robben sind rund ums Jahr am Strand. Im Januar, April und Oktober sind die besten Monate, wenn sich bis zu 17.000 Tiere gleichzeitig am Strand einfinden.

23. Nur hier erlaubt: ATV-Fun am Strand in den Oceano Dunes

Kalifornien hat 1800 Kilometer Küste und 1350 Kilometer Pazifikstrand, aber auch sehr strenge Umweltbestimmungen. Die California Coastal Commission hat die Aufsicht über alle Aktivitäten an der Küste, von Bauprojekten bis zur Sicherung des öffentlichen Strandzugangs. Um die Natur bestmöglich zu schützen, ist im ganzen Staat nur an einem Strand motorisierter Sport erlaubt: in der Oceano Dunes State Vehicular Recreation Area.

Die Lage ist ideal, auf der halben Strecke zwischen San Francisco und Los Angeles, nur knapp drei Stunden von Fresno im Landesinneren. Die Bucht bei Pismo Beach hat einen der besten Strände des Staates, lang, breit und eben. Die Dünenlandschaft ist die zugänglichste des Staates. Pismo Beach selbst ist ebenfalls einen Besuch wert. Die idyllische Stadt bietet schöne Hotels, Restaurants und Einkaufsmöglichkeiten am Zentrum in der Nähe der Seebrücke. Besucher können alles bequem zu Fuß erreichen.

Eingangsschild

Direkt südlich von Pismo Beach liegt Oceano Beach. Die Bucht bietet alles für einen perfekten Tag am Strand, mit Surfen, Angeln, Campen, Wandern und Quad-Fahrten. Neun Kilometer und 1,4 Hektar Strand und Sanddünen locken ATV-Fans an.

Wichtig ist, die Gezeiten zu überprüfen, bevor man mit einem Fahrzeug auf den nassen Sand fährt. Der Strand ist nur bei Ebbe stabil genug. Oft bleiben Autos im nassen Sand stecken.

Sicht auf Pismo Beach

Es gibt zwei Strand-Zufahrten vom Cabrillo Highway (SR-1): über die West Grand Avenue und die Pier Avenue, die etwa drei Kilometer voneinander entfernt sind. Zwischen diesen beiden Zugängen sind alle Fahrzeuge erlaubt. Das Gebiet etwas südlich der Pier Avenue ist für Off-Road-Fahrzeuge wie Quads, ATVs und Buggies reserviert. Drei Vermiet-Unternehmen, direkt an Grand Avenue und Pier Avenue, bieten eine Auswahl von ATVs, Quads und Buggies an inklusive der gesetzlich vorgeschriebenen Ausrüstung: Helme sind Pflicht.

ATV-Fahrer am Pismo Beach

Pismo Beach

Die Dünenlandschaft ist voller Tücken. Vorsicht bei Prielen! Einige sind bis zu 24 Meter tief. In den Sekundärdünen lauern Windvertiefungen. In diesen Tälern kann der Boden unter dem Grundwasserspiegel liegen und der Sand zu Treibmatsch werden. Die Vermieter kennen sich gut aus und warnen vor. Und dann geht es los.

ATV am Pismo Beach

Wer nicht selbst fahren möchte, kann eine einstündige Hummer-Tour in den Dünen und am Strand buchen. Pacific Adventure Tours und Xtreme Hummer Adventures bieten Gruppen- und Privattouren an.

INFO

Lage: Oceano Dunes liegt direkt südlich von Pismo Beach in Central California. Die nächste Stadt ist San Luis Obispo; 1001 Cabrillo Hwy, Oceano, CA 93445

Anfahrt: von Norden auf US-101 South zur Ausfahrt 190B/ Hinds Avenue/Price Cyn Road, rechts auf Hinds auf rechter Spur der Ausfahrt. Sofort links auf Price Street, rechts auf Ocean View Avenue, links auf den Cabrillo Highwas (SR-1) bis West Grand Avenue zum Parkplatz. Von Süden auf US-101 bis Ausfahrt 189, 4thStreet in Richtung 5 Cities Drive. Links auf 4th Street, rechts auf West Grand Avenue, geradeaus zum Parkplatz

Öffnungszeiten: 7 bis 22 Uhr

Eintritt: 5 USD pro Fahrzeug

ATV-Vermieter:
- *stevesatvrentals.com/pismo-beach-atv-rentals/browse-reserve*
- *pismoatvrentals.com*
- *bjsatvrentals.com*

Touranbieter:
- *pacificadventuretours.com*

Unterkünfte:
- Es gibt mehrere schöne Campingparks und Strandhotels in Pismo Beach; *reservecalifornia.com*
- The Cliffs Hotel and Spa: 2757 Shell Beach Road, Pismo Beach, CA 93449, *cliffshotelandspa.com*

Websites:
- Pismo Beach: *experiencepismobeach.com/*
- Oceano Dunes: *ohv.parks.ca.gov/?page_id=1207*

Hinweise: An Wochenenden sehr überfüllt. Campen am Strand ist erlaubt. Mindestalter 18 Jahre mit gültigem Führerschein. Mieter unterzeichnen Mietvertrag und Haftungsausschluss. Alle Sicherheits- und Fahrregeln werden erklärt. Alkoholkonsum vor oder während der Fahrt ist streng verboten.

24. Weingebiet Paso Robles: klein und entspannt

Das Weinanbaugebiet Paso Robles ist international zwar nicht so bekannt wie Napa und Sonoma, bietet aber mindestens genau so viel an guten Weinen, Entspannung und Ruhe.

Die Lage ist perfekt, auf halbem Weg zwischen Los Angeles und San Francisco, nah am Highway US-101. Ein Stopp in Paso Robles lässt sich ohne Umwege leicht einplanen. Die Kleinstadt, knapp 32.000 Einwohner, hat einen schönen Stadtkern und lässt sich leicht zu Fuß entdecken. Hier und auch in den Wineries gibt es deutlich weniger Besucher als in den bekannten Weingebieten. Die meisten sind Kalifornier.

Spanische Eroberer brachten den Weinbau schon 1797 in die Region; historische Gärbottiche kann man in der Mission San Miguel besichtigen. Bodenbeschaffenheit und Klima ermöglichen den Anbau von mehr als 25 verschiedenen Traubensorten. 250 Weinkeller in elf Anbaugegenden stellen eine breite Auswahl an Weinen her. Paso Robles ist auch ein Feinschmeckerparadies. Chefköche aus Italien, Frankreich, Indonesien, Spanien und Japan haben sich hier mit ihren Restaurants etabliert. Und: Wer keinen Wein mag hat die Auswahl zwischen zwölf Hausbrauereien.

Gäste auf einem Paso Robles Weingut

Die Landschaft ist ein weit offenes Tal. Hier wird nicht nur Wein angebaut. Das Tal gehört zum größten Gemüse-, Obst- und Nussanbaugebiet der USA. Neben den Weinbergen liegen Mandelplantagen und Olivenhaine. Pferdehöfe haben einen hohen Stellenwert in der lokalen Szene, und die Oso Libre Winery züchtet Bio-Rinder. Die beliebtesten Weinsorten sind Cabernet Sauvignon, Merlot, Zinfandel, Syrah und Chardonnay. Zudem werden Petite Sirah, Cabernet Franc, Grenache, Mourvèdre, Petit Verdot und viele weitere Weine kreiert. Der Boden und das Klima hier sind so einzigartig, dass fast alle Trauben gedeihen.

Obwohl Paso Robles eine Kleinstadt mit einem kompakten Zentrum ist, mangelt es nicht an Veranstaltungen. Von Frühjahr bis zum Ende der Ernte ist jedes Wochenende etwas los. Besonders beliebt sind im März das Zin Fest, im Mai das Paso Robles Wine Festival im Stadtpark und im Oktober das eintrittsfreie Harvest Festival. Zu diesen Terminen sind die Hotels Monate vorher ausgebucht!

INFO

Lage: Paso Robles liegt am US-101, 20 Minuten nördlich von San Luis Obispo und eine knappe Stunde von Hearst Castle und der See-Elefanten Kolonie. GPS: 35.6368759,-120.6545022

Anfahrt: über US-101 und SR-46, die die Küste mit I-5 und Bakersfield verbindet.

Aktivitäten:

- Weintouren mit einem Veranstalter: fest geplante öffentliche Touren sowie auch private, individuelle Touren, zum Beispiel *pasowine.com/member/uncorked-wine-tours-inc/?refer=transport*
- Zip 'n Sip: Zipline und Weinproben; *travelpaso.com/blog/post/add-some-zip-to-your-life*
- Nach den Weinproben kann man sich in natürlichen Heißwasserquellbädern entspannen.

Unterkünfte: In den letzten Jahren sind mehrere „roadside motels", klassische Motels der 1930er- und 1940er-Jahre, stilvoll renoviert und als Boutiquehotels wieder eröffnet worden.

- Hotel Cheval: *hotelcheval.com*
- The Stables Inn Boutique Hotel: *stablesinnpaso.com*
- Oxford Suites Paso Robles: *oxfordsuitespasorobles.com*
- Allegretto Vineyard Resort: *allegrettovineyardresort.com*

Websites:

- *travelpaso.com*
- *pasorobleschamber.com/visit-paso*

25. Pinnacles National Park: Heimat des Kalifornischen Kondors

Begeisterte Felskletterer und Wanderer beschreiben den Pinnacles National Park als den „Bruder" des Joshua Tree National Park, nur „kleiner und grüner". Viele Besucher verbringen gerne zwei Tage hier, um die Wanderwege zu erforschen. Bei insgesamt fast 50 Kilometern Länge gibt es neben einfachen Wanderwegen auch Strecken, die eine gute Kondition, Trittsicherheit und Schwindelfreiheit erfordern.

Zwischen Bergen und Felsen wird die Landschaft von hügeligem Grasland mit einer beeindruckenden Wildblumenblüte bestimmt. Die High Peaks liegen im Zentrum des Schutzgebiets und trennen

Oak Woodland

Ost-und Westteil des Parks. Besonders beeindruckend sind die Talushöhlen, der Stausee Bear Gulch Reservoir, die hohen Gipfel und die Kondore.

Der Pinnacles National Park ist der einzige Nationalpark, der an einem sehr erfolgreichen Kondor-Rehabilitierungsprogramm teilnimmt, das die Auswilderung der Vögel zum Ziel hat. Die größte Wahrscheinlichkeit, die Kondore zu sichten, haben Sie am frühen

Bear Gulch Reservoir

Morgen oder frühen Abend von den Gipfeln, wenn die riesigen Vögel ihre fast drei Meter weiten Flügel aufspannen und in den Aufwinden segeln.

Es gibt keine Möglichkeit, den Park mit dem Auto zu durchqueren. Die meisten Wanderungen sind von Osten aus zugänglich. Im Westen gibt es seit Kurzem eine Visitor Contact Station (mit WCs),

Bear Gulch Reservoir

Kondor

an der Sie auch fachkundige Ranger antreffen, die Ihnen helfen, Tag und Wanderungen gut zu planen. Im Park selbst gibt es keine Dienstleistungen. An den Parkplätzen gibt es Trinkwasserhähne sowie WCs.

Die beste Wanderung, die aber als „schwierig" eingestuft wird, ist der High Peaks Trail. Gut zehn Kilometer lang geht es 560 Meter bergauf. Die Wanderung ist nicht für jedermann: Man muss winzige, steile, in die Felsen gemeißelte Stufen mit kleinem Geländer erklimmen, was Trittsicherheit und Schwindelfreiheit voraussetzt.

Aber auch die Wanderung zu den Balconies Caves ist ein Highlight: Der Weg führt entlang dem sonnigen Chalone Creek und geht dann weiter auf dem Bench Trail und dem Old Pinnacles Trail. Auf dem Rückweg durchqueren Sie auf dem Balconies Cliffs Trail die Höhle und genießen die Aussicht auf die größten Felsformationen im

The Balconies Cliffs

Stufen von Bear Gulch Cave zum Reservoir

Park. Eine Taschenlampe ist in der Höhle erforderlich. 15,13 Kilometer, 91 Meter Anstieg, vier bis sechs Stunden, Schwierigkeitsgrad: mittel.

Der Moses Spring to Rim Trail Loop bietet sich an für Familien, um dramatische Felsformationen, Talushöhlen und den Stausee auf einer kurzen Wanderung zu erleben. 3,54 Kilometer hin und zurück, ein bis 1,5 Stunden, 152 Meter Anstieg.

Erfahrene Hiker haben eine Kombination der Wege entwickelt, die den Spitznamen „Pinnacles Greatest Hits" bekommen hat. Die Wanderung ist knapp 20 Kilometer lang, es geht 940 Meter bergauf. Die ganztägige Tour, die Balconies, High Peaks, Bear Gulch Reservoir, Monolith und Condor Gulch Overlook verbindet, wird als „schwierig" eingestuft. Der empfohlene Startpunkt ist der Old-Pinnacles-Parkplatz für eine Wanderung gegen den Uhrzeigersinn.

INFO

Lage: 1,5 Stunden Fahrt südlich von San Jose, circa eine Stunde Fahrt von Monterey.

- Pinnacles Visitor Center: per Auto nur vom Osteingang zugänglich, 5000 SR-146, Paicines, CA 95043
- Chaparral Ranger Station: per Auto nur vom Westeingang zugänglich, SR-146, Paicines, CA 95043. GPS: 36.49312,-121.20698

Anfahrt: Die Zugangsstraße SR-146 erreichen Sie vom Osten über SR-25, vom Westen kreuzt SR-146 den US-101 in der Ortschaft Soledad.

Öffnungszeiten: Der Osteingang ist immer offen, die Westseite täglich 7:30 bis 20 Uhr

Eintritt: 30 USD pro Fahrzeug, 15 USD zu Fuß oder per Fahrrad

Unterkünfte: Camping und Wohnwagenplätze im Park. Reservierungen bis zu sechs Monate vorher, *recreation.gov/camping/campgrounds/234015*

Website: *nps.gov/pinn/index.htm*

Hinweise:

- Die Höhlen behausen 13 verschiedene Gattungen von Fledermäusen und werden von Mai bis Ende Juli während der Paarungszeit und bei Regenstürmen geschlossen. Jeder Besucher braucht eine gute Taschenlampe.
- Die Parkplätze bieten je nur 12 bis 15 Plätze. Kommen Sie zum Sonnenaufgang, um Parkplatz und Zugang zu sichern.
- Die Wanderwege lassen sich kombinieren und vernetzen. Sie sind im Park zwar ausgeschildert, man sollte trotzdem Karten mitnehmen oder die Schilder abfotografieren.
- Beste Jahreszeit ist der späte Winter bis Mitte Mai.
- Ein Fernglas wird empfohlen.
- Im Park gibt es kein Netz.

26. Kern County Museum: Geschichte des Öls, der Native Americans und der Pioniere

Das Kern County Museum ist der Ort, an dem die Geschichte und Gegenwart dieses vielfältigen Landkreises erlebt werden kann. Es begann sehr einfach, mit einer Anzeige im Jahr 1929: „Historische Dokumente, Fotos und Informationen zur Geschichte von Kern County gesucht". Die Reaktion war gewaltig. Tausende von Dokumenten wurden seitdem der Handelskammer zur Verfügung gestellt und dort zuerst in einer kleinen Ecke ausgestellt. Seit 1945 wurde daraus ein richtiges Museum, heute auf einem Gelände von 65.000 Quadratmetern mit mehr als 50 Originalgebäuden.

Die Hauptstraße in Pionier Village

Bakersfield hat die höchste Produktion von Erdöl und Erdgas von ganz Kalifornien. Nirgends wird mehr schwarzes Gold gepumpt als in Kern County, während die Gegend sich in Vorbereitung auf kommende Umweltgesetze bereits als Quelle von 25 Prozent der regenerativen Energie des Staates neu erfunden hat.

Das Hauptgebäude des Museums

Bakersfield, die neuntgrößte Stadt des Staates, hat viel zu bieten. Die California Country-Musik und die baskische Küche sind hier weit verbreitet. Die Parkanlagen bieten sich für einen Bummel an, die Bäume sorgen für Schatten. Da kann einem auch schon mal ein einheimischer San-Joaquin-Kit-Fuchs über den Weg laufen, und Katzen schnurren einem um die Beine.

Über 50 historische Häuser aller Baustile, die aus dem ganzen Westen her transportiert wurden, bilden ein Dorf aus der Pionierzeit (1846 bis 1886). Vor jedem Haus steht eine Tafel mit Erklärungen und den Namen der Sponsoren. Villen des späten 19. Jahrhunderts zeigen das Leben der gehobenen Klassen. Die meisten Häuser sind für Besucher offen, man kann hier in die alte Zeit eintauchen. Sehr interessant ist das Chinesische Haus, ein Beispiel der Häuser kantonesischer Einwanderer der 1870er-Jahre, die in den Minen und der Landwirtschaft arbeiteten. Um die Jahrhundertwende lebten so viele Chinesen in Bakersfield, dass es zwei Chinatowns gab.

Wechselnde Ausstellungen im Hauptgebäude werden aus der Sammlung von über einer Million Dokumenten und Objekten

Howell House von 1891

thematisch zusammengestellt. Darunter befinden sich 400.000 historische Fotografien, die größte Sammlung in Kalifornien seit den 1860er-Jahren sowie eine umfangreiche Sammlung des Landschaftsfotografen Carleton E. Watkins.

Die „The Oil Experience" ist in einer separaten Halle untergebracht, wo sich die Dauerausstellung auf Wissenschaft, Technologie und Geschichte der Erdölindustrie konzentriert. Die Ausstellungsstücke und das große Außengelände bieten einen Überblick über die Entstehung eines natürlichen Ölfelds und die diversen Methoden der Entdeckung, Ölförderung und der technologischen Veränderungen. Auch die sich wandelnde Rolle der Erdölarbeiter und ihrer Familien im County werden thematisiert. Die interaktive Ausstellung beinhaltet weiterhin die Simulationen eines Tauchgangs in einer Tauchglocke zu Ölquellen am Meeresboden, die Erforschung der Ölfunde und der Förderungsmethoden. Schließlich erfährt man, in welchen Produkten Öl verarbeitet wird, und wird auf die Gefahren des Asphaltabbaus hingewiesen.

2017 installierter Tempel im Joss House

1898er Southern Pacific Lokomotive im Transportmuseum

INFO

Lage: Bakersfield liegt etwa zwei Stunden Fahrt nördlich von Los Angeles an SR-99. Kern County Museum: 3801 Chester Avenue, Bakersfield, CA 93301

Öffnungszeiten: Mittwoch bis Sonntag 9 bis 16 Uhr. Letzter Einlass 15 Uhr.

Eintritt: 10 USD

Unterkünfte:

- Holiday Inn Express & Suites Bakersfield Central: 3001 Buck Owens Blvd, Bakersfield, CA 93308, *ihg.com/holidayinnexpress/hotels/us/en/bakersfield/bkrbo/hoteldetail*
- Rankin Ranch: ein echter Geheimtipp, wohnen auf der Ranch; ca. 45 Minuten Fahrt entfernt; 23500 Walker Basin Road, Caliente, CA 93518, *rankinranch.com*

Website: *kerncountymuseum.org*

Hinweise: das Museum bietet besondere Veranstaltungen, darunter einen Flohmarkt, Fundraising-Konzerte und schöne Licht-Festivals zur Weihnachtszeit. Sie finden die aktuellen Daten auf der Webseite.

Los Angeles

Die Aussicht von Will Rogers State Park

Los Angeles

27. Runyon Canyon Park: Prominente und bester Rundblick
28. Will Rogers State Historic Park: großartige Natur im Westen der Stadt
29. Baldwin Hills: beste Sicht auf die Stadt mit neuer Perspektive
30. Venice Beach Art Wall: Kunst zum Mitmachen
31. Mariscos y Mariachi: mexikanisches Fischessen mit Musik und Atmosphäre
32. Romantischstes Restaurant in Los Angeles: Inn of the Seventh Ray
33. Los Angeles: Hauptstadt der Wandkunst
34. Soul of America: die „Black Experience" in Los Angeles
35. Wildlife Learning Center: bei Faultieren, Stachelschweinen und Gürteltieren

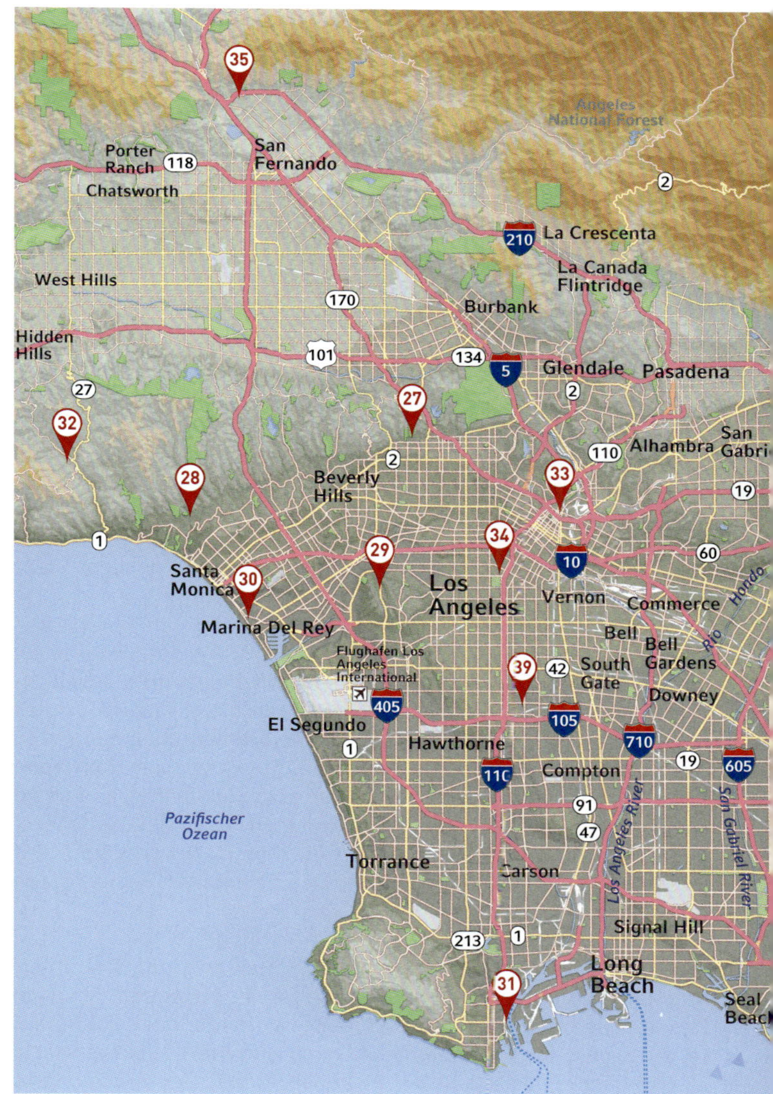
35
Angeles National Forest
Porter Ranch
118
San Fernando
Chatsworth
2
210
La Crescenta
La Canada Flintridge
West Hills
170
Burbank
Hidden Hills
101
134
5
Glendale
Pasadena
27
2
27
32
San Gabri
110
Alhambra
28
2
33
Beverly Hills
19
1
34
29
60
10
Santa Monica
30
Los Angeles
Vernon
Commerce
Rio Hondo
Marina Del Rey
Bell
Bell Gardens
Flughafen Los Angeles International
39
42
South Gate
Downey
405
105
El Segundo
710
Hawthorne
1
19
605
110
Compton
91
Los Angeles River
San Gabriel River
47
Pazifischer Ozean
Torrance
Carson
Signal Hill
213
1
Long Beach
31
Seal Beac

27. Runyon Canyon Park: Prominente und bester Rundblick

Auch der Runyon Canyon hat, wie es sich für einen Park mitten in Hollywood gehört, als Kulisse für Film und Fernsehen gedient. Unter anderem wurden hier „Scream 3" und „Hollywood Cops" mit Harrison Ford gedreht. Da der Park mitten im Wohngebiet liegt, trifft man hier häufig Stars und Sternchen der Film-, Fernseh- und Musikwelt auf den Wanderwegen.

Freie Sicht vom höchsten Punkt

Man sollte gleich nach Sonnenaufgang vor Ort sein. Je früher, desto höher ist die Chance, die Stars beim Joggen zu sehen. Außerdem ist es zu dieser Zeit noch ruhig. Durch die stadtnahe Lage wird es am späten Vormittag meist schon recht voll. Frühmorgens ist es auch noch angenehm kühl. Gegen Mittag ist es von Frühjahr bis Herbst meistens sehr warm.

Der Mangel an Parkplätzen ist ein Problem. An der Vista Street und der Fuller Street gibt es nur wenige offizielle Parkmöglichkeiten, und die Polizei ist beim Falschparken grundsätzlich schnell mit Strafzetteln zur Stelle. Autos, die Hydranten oder Einfahrten blockieren, werden abgeschleppt. Von den Hotels am Hollywood Boulevard, die in der Nähe liegen, ist es viel einfacher, zu Fuß zu kommen. Aber das schwierige Herkommen ist schnell vergessen, denn die Wanderungen im Park sind ein Hollywood-typisches Erlebnis und ein außergewöhnliches Erlebnis mit wunderbaren Aussichten über die Metropole.

Der Park in hügeliger Lage ist etwa 65 Hektar groß. Drei unterschiedlich lange Wanderwege lassen sich verbinden, je nach Laune, Zeit und Fitness. Die schnellste Variante, nur 1,2 Kilometer lang, geht vom Mulholland Drive ab und führt leicht aufwärts zu der Panoramaaussicht am höchsten Punkt. Der Anstieg geht nur 60 Meter hoch, auf einem größtenteils ebenen Pfad. Man folgt einfach der Runyon Canyon Fire Road, die Feuerwehrschneise. Der Gipfel mit der tollen Sicht ist auf knapp halbem Wege, zurück folgt man dann einfach dem Pfad, den die Feuerwehrschneise wieder trifft. Der Weg endet am Eingang am Mulholland Drive. Es ist in 45 Minuten, selbst mit vielen Fotostopps, leicht zu schaffen.

Alle anderen Wanderungen beginnen am Eingang in der Fuller Street und führen in Rundwegen auf den Berg und wieder hinunter. Der kürzeste Trail ist drei Kilometer lang, mit 152 Meter Anstieg. Es geht bis zu den Aussichtspunkten Inspiration Point und Clouds Rest.

INFO

Lage: Der Runyon Canyon liegt in den Hügeln von Hollywood, direkt westlich vom Touristenzentrum. Haupteingang: 2000 North Fuller Avenue, Hollywood, CA 90046

Anfahrt: Es gibt drei Eingänge, zwei vom Hollywood Boulevard ausgehend: den Haupteingang Fuller Avenue und den Eingang Vista Street, 2905 Runyon Canyon Road, Hollywood, CA 90046. Am oberen Ende des Parks ist der dritte, am Ende des Mulholland Drive. GPS: 34.1194945,-118.3529514

Unterkunft:

- Elaine's Hollywood B&B: das Bed and Breakfast von Künstlerin Elaine liegt nah am Zentrum von Hollywood, aber in Wohnlage; 1616 North Sierra Bonita Avenue, Los Angeles, CA 90046, *elaineshollywoodbedandbreakfast.com/*

Website: *laparks.org/runyon*

Hinweise:

- Der Park bietet vom höchsten Punkt den besten 360-Grad-Blick über das Stadtgebiet und bei klarem Wetter bis zu den San-Bernardino-Bergen und zum Pazifik.
- Warnschilder an allen Eingängen warnen vor Klapperschlangen.
- Es gibt keine WCs.

28. Will Rogers State Historic Park: grossartige Natur im Westen der Stadt

Dem Namen Will Rogers begegnet man im Westen der USA oft. Flughäfen, Parks, Schulen und in Santa Monica auch ein Strand tragen ihn. Will Rogers war ein Superstar der Stummfilmzeit, der auch in Tonfilmen weiterhin Karriere als Westernstar machen konnte. Er schrieb regelmäßig Zeitungskolumnen, spielte erfolgreich Theater, war ein richtiger Cowboy und bekannter Humorist. Will Rogers war ein Cherokee, geboren 1879 in Oklahoma, bevor der Staat als solcher existierte. Sein Vater war zeitweise Stammesoberhaupt. Will starb 1935 bei einem Absturz seines Privatflugzeugs in Alaska. Seine Witwe Betty, ebenfalls eine Cherokee, vermachte die gemeinsame Ranch 1944 dem Landkreis Los Angeles als Park, mit der Bedingung, dass das vorhandene Polofeld weiter bestehen bleibt und benutzt wird. An Wochenenden kann man hier noch heute den Polospielern zuschauen.

Aussicht auf das Polofeld

Reiter und Wanderer genießen den Inspiration Point.

Die 75 Hektar am Fuß der Santa-Monica-Berge bieten Erholung vom Verkehr und Lärm der Stadt. Und bei klarer Witterung hat man vom Inspiration Point, dem Aussichtsplateau 230 Meter über dem Meeresspiegel, einen wunderbaren Panoramablick von den Bergen über das ganze Stadtgebiet bis hin zur Küste, der Bucht von Santa Monica und der 26 Seemeilen entfernten Insel Santa Catalina.

Der Rundgang vom Parkplatz zum Inspiration Point ist eine der beliebtesten Wanderungen. Der Weg beginnt am linken Ende des Hauptparkplatzes links vom Polofeld. Dann geht es für gute drei Kilometer bergauf und bergab auf einem gut markierten, breiten, sandigen Weg. Am östlichen Weg riecht es köstlich nach Eukalyptus, weiter oben wachsen Kreosotbüsche, California Chaparral. Schon fast oben auf dem Hügel geht es auf einem kleineren Pfad

Betty Rogers Trail

hoch zum Plateau, ein Lieblingsplatz von Will Rogers. Hier stehen viele Picknicktische und Pfosten zum Anbinden der Pferde. Beim Verlassen des Plateaus hat man die Auswahl, den gleichen Weg zurück zum Hauptpfad zu laufen und dann links abzubiegen, um die Schlaufe gen Westen weiter zu erforschen. Oder man kann westlich weiterlaufen und den wilderen, schmalen Betty Rogers Trail bergab klettern, sich immer rechts halten und dann den Hauptweg weiter westlich wieder aufgreifen. Hier hat man weitere atemberaubende Aussichten über den Pazifik und die Küste.

Will Rogers State Park

Reiter können diesen Rundweg auch auf begleiteten Ausritten erleben, die von der Westside Riding School angeboten werden. Die Pferde sind an Touristen gewöhnt und dementsprechend zahm und freundlich. Es geht immer sicher im Schritt, in Begleitung eines Wranglers, eines Reitlehrers. Die Wrangler erzählen ihren Gästen gerne viel über die Hollywood-Geschichte und lokale Legenden.

INFO

Lage: Der Will Rogers State Historic Park liegt im Westen des Stadtgebiets in Pacific Palisades. Der Park ist umringt von anderen Naturparks, die man von hier erreichen kann; 1501 Will Rogers State Park Road, Pacific Palisades, CA 90272

Anfahrt: Der Eingang zum Park zweigt vom Sunset Boulevard ab.

Öffnungszeiten: bis Sonnenuntergang

Eintritt: 12 USD

Aktivitäten:

- Ranchhaus: Besichtigungen Donnerstag und Freitag 11 bis 15 Uhr, Samstag und Sonntag 10 bis 16 Uhr, immer zu vollen Stunden, die Gruppen treffen sich vor dem Gebäude.
- Jig Saw Farms: einstündige Reitausflüge mit Reitlehrer-Begleitung in die Santa Monica Mountains, 175 USD pro Person, Dauer eine knappe Stunde; Mindestalter ist sechs Jahre; Reservierung nur auf der Homepage, *jigsaw-farms.com*

Unterkunft:

- Proper Hotel: 700 Wilshire Boulevard, Santa Monica, CA 90401, *properhotel.com/santa-monica/*

Website: *parks.ca.gov/?page_id=626*

Hinweis: Vorsicht ist geboten mit Klapperschlangen. Bleiben Sie auf den markierten Wegen. Es leben auch Kojoten, Luchse und Berglöwen in den Bergen, die beiden letzteren sind zu scheu, um sich Menschen zu nähern.

29. Baldwin Hills: beste Sicht auf die Stadt mit neuer Perspektive

Sie sind weltberühmt, die Hollywood Hills. Film, Fernsehen und Tourismus haben das Hollywood-Zeichen, den Griffith Park, die Sternwarte und die schicke Wohngegend zu Wahrzeichen gemacht. Und weil die Gegend so bekannt ist, leidet sie auch an zu vielen Besuchern. Aber es gibt eine Alternative: Die Baldwin Hills auf der Südseite des Stadtgebiets mit der 162 Hektar großen Kenneth Hahn State Recreation Area haben alles, was die Hollywood Hills bieten, und mehr!

Da locken ein Angelsee mit Forellen oder Welsen, ein japanischer Garten für das Zen-Gefühl, Baseballfelder, ein Sand Volleyball-Sandplatz, gleich vier Kinderspielplätze für alle Altersgruppen, ein halber Basketball Court, eine Fitnessanlage und etwa zwölf Kilometer Wanderwege für alle Fitnessgrade. Der Park bietet rund einhundert Picknickstellen, mehrere WC-Gebäude sowie großzügige Parkplätze. Und die besten Aussichten über die Skyline, das gegenüber liegende Hollywood-Zeichen, die Hollywood Hills, die Küste im Westen und – im Winter – die schneebedeckten Berge im Osten der Stadt.

Martin Luther King Jr. Memorial

Auf dem höchsten Punkt des Parks wurde 2018, zum 50. Jahrestag der Ermordung von Dr. Martin Luther King Jr., ein Monument für den verehrten amerikanischen Bürgerrechtler

Sicht vom östlichsten Punkt des Parks

errichtet, inspiriert von seiner „Mountain Top"-Rede. Das Denkmal – ein Gedächtnishain – am Ostende des Parks findet man ganz leicht, indem man der Straße immer weiter bis zum höchsten Punkt folgt. Dort gibt es einen kleinen Parkplatz. Auf der linken Seite der Straße liegt die große, schüsselförmige Wiese, die durch den katastrophalen Dammbruch des Baldwin-Hills-Stausees 1963 entstand. Auf der rechten Seite, mit traumhaften Blick über das ganze Stadtgebiet, liegt der Hain mit dem Monument, im Zentrum ein Obelisk, in Erinnerung an Dr. Kings Marsch auf Washington im Jahre 1963. Hier ist der Platz, um der Geschichte der Bürgerrechtsbewegung und ihrer Helden zu gedenken.

Weitere Baumhaine sind zum Gedenken an die Olympischen Spiele von 1932 in Los Angeles angelegt worden. Das allererste Olympische Dorf der Welt lag direkt östlich vom Park. 140 Länder nahmen teil und 140 Bäume ehren die 10. Olympiade. Apropos: Es gibt Downtown die 9th Street und die 11th Street, aber keine 10th Street – die Straße wurde den 10. Olympischen Spielen zu Ehren in Olympic Boulevard umbenannt.

Sicht vom Kenneth Hahn View Point

Und warum heißt der Park „Kenneth Hahn"? Kenneth Hahn, gebürtig in Los Angeles, spielte 40 Jahre lang eine wichtige Rolle in der lokalen Politik. 1961 war er der erste und einzige weiße Politiker, der Dr. Martin Luther King Jr. offiziell begrüßte und in der Stadt willkommen hieß. Zu dieser Zeit reagierten Stadtväter der Südstaaten mit brutalen Polizeiaktionen auf Kings friedliche Demonstrationen.

In den 1950er-Jahren schaffte Kenneth Hahn es, das beliebte Baseballteam Dodgers aus Brooklyn nach Los Angeles zu locken. Er war der Vater der Smogbekämpfung und des U- und S-Bahn Systems in Los Angeles. 1977 überzeugte er den besuchenden Vizepräsidenten Walter Mondale, das Erdölförderungsgebiet in den Baldwin Hills, heute der nach ihm benannte Park, als öffentliches Parkgelände zu schützen.

Sicht von Christine's Point auf City View Trail

„I Have A Dream" aus Kings berühmter Ansprache

INFO

Lage: Die Kenneth Hahn State Recreation Area liegt in den Baldwin Hills; 4100 South La Cienega Boulevard, Los Angeles, CA 90056

Anfahrt: Die Einfahrt geht von La Cienega Boulevard ab. An Wochenenden und Feiertagen von 8 bis 18 Uhr bringt The Link Bus Besucher von der Metro Expo La Cienega S-Bahn Haltestelle zum Park und zum Baldwin Hills Scenic Overlook.

Öffnungszeiten: täglich 6 Uhr bis Sonnenuntergang

Eintritt: Montag bis Freitag kostenlos, an Wochenenden und Feiertagen Parkgebühr für Pkw 7 USD

Websites:

- *parks.ca.gov/?page_id=612*
- *parks.lacounty.gov/kenneth-hahn-state-recreation-area*

30. Venice Beach Art Wall: Kunst zum Mitmachen

Venice Beach steht weit oben auf der Liste der Touristenattraktionen in Los Angeles, gleich nach dem Hollywood Boulevard. Die Mischung an Promenade und Strand aus verrückt gekleideten Leuten, die sich hier selbst verwirklichen, Straßenkünstlern, Akrobaten, Surfern, Skatern, Pennern und Touristen aus aller Welt kreiert eine einmalige Atmosphäre. Venice Beach ist ungewöhnlich und unvergesslich, auch wenn es teilweise ungepflegt wirkt.

Das Zuschauen bei den Skatern oder die Straßen-Show der Calypso Tumblers sind aufregend, aber richtig eintauchen in das Venice-Lebensgefühl und selbst tätig werden, kann man als Straßenkünstler für einen Tag – ohne das Risiko festgenommen zu werden. Das geht bei den Venice Art Walls, auch Venice Graffiti Walls genannt.

Künstler am Werk

Kunst findet man hier auf Wänden und Palmenstämmen.

Die Betonwände sind Überbleibsel des Venice Pavilion, ein Gebäude, das 1961 als Freizeitzentrum entstand und 1999 abgerissen wurde, als die Stadt mal wieder beschloss, Venice Beach aufzuräumen. In den 1970er-Jahren vermischte sich in Venice die Skater-Szene mit der Graffiti-Straßenkunstwelt. Der Pavilion zog die Sprühfarbdosenkünstler magisch an. Ein Stil war geboren. In den 1980er-Jahren wurde der „Graffiti Pit" so bekannt, dass Stars der Szene wie Kelly „RISKY" Graval aus New York in den Westen zogen. Die Sportschuh- und Modewelt übernahm die Designs für ihre Produkte. Der Graffiti Skater Look wurde ein weltweiter Erfolg.

Aber „Tagging" war nicht erlaubt. Es wurde nur geduldet. Der Abriss 1999 hatte aber nicht den erwünschten Effekt, die Künstler zogen einfach in die Nebenstraßen und fingen an, die Hauswände zu besprühen. Besitzer und Anwohner klagten. Ruhe kehrte erst ein, als im Jahr 2000 die Setting the Pace Foundation (STP), eine Stiftung, die von kreativen Künstlern und Kunstgruppen vieler Stile ins Leben gerufen wurde, die letzten Wände des Pavilions unter ihre Fittiche nahm, das Bemalen legalisierte und die Verwaltung übernahm.

Die Art Walls enden am Fahrrad- und Skaterweg.

STP macht es sich zur Aufgabe, Kunst in Städten zu etablieren sowie Künstler durch Ausbildungsprogramme zu fördern. Mitarbeiter der Stiftung leiten die Aufsicht an den Art Walls. Sie erteilen die Erlaubnis und verteilen den Raum. Die benachbarte Polizeiwache unterstützt dabei.

Sechs Millionen Dollar wert: „Declaration" von Mark di Suvero

Künstler aller Niveaus sind zugelassen, auch Anfänger mit kreativer Energie. Sprühfarbe, Farbroller, Pinsel und Weizenpaste sind zugelassene Mittel. Alle Materialien müssen mitgebracht und korrekt entsorgt werden. Ausdruck von Bandenkriminalität, Gewalt, Schimpfwörter und Pornografie sind untersagt.

INFO

Lage: Die Art Wall liegt direkt am Strand im Zentrum von Venice Beach, 1800 Ocean Front Walk, Venice, CA 90291

Öffnungszeiten: Samstag und Sonntag von 10 bis 17 Uhr, an Feiertagen geschlossen

Eintritt: kostenlos, aber mit Anmeldepflicht vor Ort

Unterkunft:

- Hotel Erwin: mitten im Trubel mit toller Dachterrassenbar; 1697 Pacific Avenue, Venice, CA 90291, hotelerwin.com
- Venice on the Beach Hotel: weniger hektisch am Südende von Venice Beach; 2819 Ocean Front Walk, Venice, CA 90291, *veniceonthebeachhotel.com*

Website: veniceartwalls.com

Hinweise:

- Wer zuerst kommt, „malt" zuerst! Kommen Sie rechtzeitig.
- Fotografieren Sie Ihr Werk! Die Wandkunst wird ständig verändert.

31. Mariscos y Mariachi: mexikanisches Fischessen mit Musik und Atmosphäre

Am Wochenende herrscht Volksfeststimmung bei der San Pedro Fish Company. Vom späten Vormittag bis in den Abend versammeln sich hier Familien und Freunde aus den umliegenden Ortschaften, um zu essen, zu trinken und zu feiern. Die Atmosphäre ist rustikal, die Portionen auf den Tellern sind groß und das Bier wird im Plastikkrug verkauft. Die am häufigsten gesprochene Sprache ist Spanisch. Die Musiker sind traditionelle Mariachi-Gruppen, in klassischen „Charro"-Anzügen und Sombreros gekleidet, die von Tisch zu Tisch wandern und für ein Trinkgeld Volkslieder präsentieren. Touristen sieht man hier selten, und darum ist die Erfahrung auch so authentisch und eine ganz besondere Erinnerung.

Die Los Angeles Hafenverwaltung investiert seit 2023 in die Renovierung des Hafens. 2026 soll das Uferpromenadenprojekt fertiggestellt sein. Dann wird die San Pedro Fish Company ein festes, neues Heim direkt am westlichen Hafenkanal haben.

Gründer Mackey Ungaro, 1956

Während der Bauarbeiten hat das Fischrestaurant ein vorübergehendes Lokal neben dem maritimen Museum, das bis zu 1000 Gäste empfangen kann, und damit zählt es immer noch zu den größeren Restaurants des Landes. Trotz der gewaltigen Ausmaße ist es urig gemütlich. Die langen Tische sind durch Markisen vor der kalifornischen Sonne geschützt.

Mike Ungaro und Familie präsentieren die Spezialität: „Super Tray".

Stellen Sie sich am Wochenende auf Warten ein. An schönen Tagen ist das Ufer ein beliebtes Ziel. Gäste wählen einen Tisch aus – die langen Tische laden zum Teilen ein und bieten die Möglichkeit, Einheimische kennenzulernen – und scannen den QR-Code, um die Speisekarte zu laden und direkt online zu bestellen. Das Essen wird flott direkt an den Tisch geliefert. Man kann auch weiterhin „altmodisch" am Tresen bestellen. Alkohol kann ebenfalls online oder an der großen Bar gekauft werden.

Mike (in der Mitte) hat früh angefangen.

Das berühmteste Gericht ist die Krabbenplatte: eine große Portion frischer Shrimps in Schale, mit Kartoffeln, Paprika, Mais und Zwiebeln. Dazu das eigene Hausgewürz, das man auch zum Mitnehmen kaufen kann. Wer es extra scharf mag, kann sich dann noch pfefferige Salsa geben lassen. Auch die hauseigenen Salsas kann man abgefüllt kaufen. Dazu kann man frisch gegrillten oder gebratenen Fisch und Hummer bestellen. Fish and Chips und die Shrimp Tacos sind ebenfalls sehr beliebt.

Ab 2026 wird San Pedro noch wesentlich mehr Besucher anziehen. Die „Waterfront" in San Pedro war jahrelang vernachlässigt. Bemühungen, das alte Ports-O'Call-Zentrum wieder zu beleben, scheiterten an fehlenden Investitionen. Das hat sich im November 2020 geändert. Der alte Komplex neben dem Fischmarkt wurde abgerissen. Das Konzept ist vielversprechend. Ein ganz neues Hafenviertel entsteht, mit dem Fokus „blaue Wirtschaft": ozeanfreundliche Geschäfte und Betriebe, die der Wasserqualität helfen.

Alaskan King Crab Legs-Platte

Klassische Shrimp-Platte

INFO

Lage: Der Hafen mit dem Fish Market liegt direkt am Ufer im Hafen von Los Angeles; 706 S. Harbor Blvd, San Pedro, CA 90731

Anfahrt: Man erreicht den Hafen vom Ende des I-110, die Einfahrt liegt an der 6th Street und Harbor Blvd.

Öffnungszeiten: Samstag und Sonntag 9 bis 20 Uhr, Montag bis Freitag 11 bis 19 Uhr.

Unterkünfte: Es gibt eine Reihe von Hotels im Zentrum von San Pedro, die bei Kreuzfahrt-Passagieren beliebt sind.

- DoubleTree by Hilton Hotel San Pedro - Port of Los Angeles: 2800 Via Cabrillo-Marina, San Pedro, CA 90731, Tel. +1 310 5143344, *hilton.com/en/hotels/lgbspdt-doubletree-san-pedro-port-of-los-angeles/*

Website: *sanpedrofish.com/*

Hinweise:

- Der Besuch macht bei Tageslicht mehr Spaß als abends. Die beste Zeit ist nachmittags. Parken ist kostenlos.
- Das Hafenufer wird 2024 bis 2026 renoviert und ausgebaut. Der Fish Market liegt zur Zeit direkt neben dem Maritime Museum. 2026 wird er etwas weiter westlich am Ufer einen neuen und noch größeren Platz einnehmen.

32. Romantischstes Restaurant in Los Angeles: Inn of the Seventh Ray

Seit den 1920er-Jahren zieht der Topanga Canyon, eine wunderschöne Schlucht in den Bergen Santa Monicas, Künstler aller Art und Menschen auf der Suche nach geistiger Transformation an, die hier dem Rummel der Metropole entfliehen. Nur 30 Minuten Fahrt vom Herzen Santa Monicas entfernt, ist man hier in einer anderen Welt: Hier herrschen Ruhe und Entspannung.

Mittendrin im alten Dorf von Topanga bietet seit 1975 das Inn of the Seventh Ray gesunde, vegetarisch-basierte Biogerichte in idyllischer Lage.

Die Gründer, Dr. Ralph und Lucie Yaney, ursprünglich Psychiater und Psychologin, hatten auf ihrer Suche nach seelischer Erleuchtung einen esoterischen New-Age-Lebensstil entdeckt, der auch ihre Ernährung komplett veränderte. 1973 ernährten sich die meisten Amerikaner von tiefgefrorenen Fertiggerichten und Schnellimbissen. Die Lebensmittelindustrie hatte die Emanzipation der Frau voll im profitablen Griff: Warum in der Küche stehen, wenn man sich mit der Mikrowelle Freizeit verschaffen kann? Zwar geht das „Kochen" so schneller, dafür ist es weniger gesund. Die Yaneys bemerkten an sich selbst schnell den

Das Namensschild ist vor Blüten kaum zu sehen.

negativen Effekt der ungesunden Nahrung, auch im seelischen Bereich. So stellten sie nicht nur ihre Ernährung um, sondern unterstützten auch ihre Patienten nicht nur psychologisch, sondern auch ernährungswissenschaftlich, mit Bio-Gemüse, Fisch und insgesamt gesunden Gerichten – zu einer Zeit, als noch kaum jemand von Bio-Kost sprach. Die Yaneys waren ihrer Zeit weit voraus.

Eine der romantischen Terrassen

Seit 1975 werden „alle Gerichte mit Liebe und Kreativität zubereitet und mit den Vibrationen des violetten Strahls geladen, für die persönliche Bereicherung und vielleicht auch seelische Versetzung auf eine höhere Ebene" der Gäste. Die Yaneys benannten ihre Gaststätte nach dem siebten Lichtstrahl, der für das menschliche Auge der letzte sichtbare vor den ultravioletten Strahlen ist. Die Theorie: Alle Strahlen sind Energieträger. Der violette Strahl, der beim Durchleuchten eines Kristalls entsteht, ist der Strahl der Transition.

Ein Besuch im Inn of the Seven Ray transportiert Sie auf jeden Fall in eine sehr entspannte, ländlich-elegante Stimmung. Das Essen

Rustikale Eleganz

wird auch von Kritikern sehr gelobt, und es wird nicht nur vegetarisch angeboten. Huhn und Rind kommen aus natürlicher Bio-Wiesenzucht. Fisch ist wild gefangen, und alle Gemüse sind saisonal geerntet sowie nachhaltig angebaut. Die auserlesene Weinliste ist umfangreich. Die meisten Tische stehen im Freien, auf mehreren Terrassen verteilt. Das Rauschen des Bachs und das Rascheln der Platanen und Eichen entspannt. Dazu passend spielt sanfte klassische Musik. Zwei Räume bieten drinnen Sitzgelegenheiten. Ein Kirchenraum gehört zum ursprünglichen Gebäude, es war die erste Kirche von Topanga vor hundert Jahren.

Der „Garden Room"

INFO

Lage: Das Restaurant liegt landschaftlich schön an einem Bach in Topanga Canyon im Nordwesten von Los Angeles, 128 Old Topanga Canyon Road, Topanga, CA 90290

Anfahrt: Den Topanga Canyon erreichen Sie von I-110, Ausfahrt Topanga Canyon in Woodland Hills, oder von Pacific Coast Highway in Pacific Palisades.

Öffnungszeiten: täglich von 9 bis 15, 17:30 bis 21 Uhr, Freitag, Samstag und Sonntag bis 21:30 Uhr.
An Feiertagen länger.

Unterkunft:

- Topanga Canyon Inn Bed and Breakfast: 20310 Callon Drive, Topanga, CA 90290, *topangacanyoninn.com*

Website: *innoftheseventhray.com*

Hinweis: Der berühmte Sonntagsbrunch ist schnell ausgebucht. Auf jeden Fall per Internet einen Tisch mehrere Wochen vorher reservieren.

33. Los Angeles: Hauptstadt der Wandkunst

Wandkunst gehört so zu Südkalifornien wie der Strand und das Hollywood Zeichen. Es gibt Tausende von Kunstwerken, die die Geschichte des Viertels und seiner Bewohner erzählen. Das Künstlerviertel direkt östlich von Downtown allein hat über 1000 bemalte Mauern. Man kann Jahre verbringen um alles zu sehen. Wir konzentrieren uns in diesem Kapitel auf einige Highlights, die weniger „Selfie-berühmt" sind.

América Tropical Interpretive Center

Begonnen hat die zeitgenössische Leidenschaft in den 1930er-Jahren zur Glanzzeit der mexikanischen Wandkunstmaler, die weltweit Furore machten. 1932 lud der Leiter der Plaza Art Galerie in der Olvera Street den kommunistischen Aktivisten und Künstler David Alfaro Siqueiros ein, eine Wand auf der ältesten Straße der Stadt zu verschönern.

David Alfaro Siqueiros' „America Tropical"

Estrada Courts Murals

Östlich von Downtown, im Stadtviertel Boyle Heights, begann das Revival der Chicano-Kunstbewegung. In den 1970er-Jahren gaben die Außenwände der Großbausiedlung Estrada Courts jungen Chicano-Aktivisten Gelegenheit sich zu entfalten. Inzwischen gelten die Werke als Klassiker der Szene, und einige der Maler sind anerkannte Stars. Darunter sind Charles Felix, Sonny Ramirez, David Botello, Gil Hernandez. Willie Heron und Gronk, We Are Not A Minority, von der Künstlerkollektive Artistas Cosmicos de las Americas de San Diego, kennen Musikfans. Tupac Shakur und The Black Eyed Peas haben vor dieser Kulisse Videos gedreht. Hinweis: Dieses Stadtviertel leidet unter einer hohen Kriminalitätsrate und Bandenaktivität. Besucher sollten sich hier nur zwischen 10 und 15 Uhr aufhalten. Beachten Sie Abgrenzungen der Vorhöfe, private Gehwege und reservierte Parkplätze.

We Are Not A Minority in Estrada Courts

Kobe und Nipsey: die neuesten Wandkunstwerke

Trauer auf Wänden ausgedrückt: Murals von zwei jung verstorbenen, berühmten Stars aus Südkalifornien gibt es im ganzen Großraum Los Angeles. Basketballstar Kobe Bryant ist im Januar 2020 mit seiner Tochter tödlich verunglückt. Rapper und Community-Aktivist Nipsey Hussle wurde Ende März 2019 von einem Bandenmitglied ermordet. Beide haben durch ihr kurzes Lebenswerk einen großen Einfluss auf ihre Gemeinden gehabt und werden in Südkalifornien verehrt. Das bekannteste Nipsey-Werk befindet sich direkt neben seinem immer noch bestehenden Laden, The Marathon Clothing; direkt gegenüber ist ein weiteres

L.A. Legenden: Kobe Bryant und Nipsey Hussle

The Marathon Continues im Slauson Viertel

großes Mural. Wandbilder von Kobe und Gianna Bryant lächeln von hunderten von Wänden. Die Organisation Kobe Mural hat eine interaktive Karte entwickelt, die alle Locations aufzeichnet. Hinweis: Besucher und Fans sind willkommen, aber das Stadtviertel ist unsicher und sollte nur tagsüber besucht werden.

Die Berliner Mauer:
Ja, wirklich! Die größten zusammenhängenden Stücke der Berliner Mauer außerhalb der Hauptstadt stehen in Los Angeles, der Partnerstadt von Berlin. 2009 hat das Wende-Museum das Wall Project, zehn Platten der Berliner Mauer, zum 20. Jahrestag des Mauerfalls gegenüber dem Los Angeles County Museum of Art installiert. Zwei US-Präsidenten, deren Handlungen in ihrer Amtszeit zum Thema Berlin Weltgeschichte machten, sind hier verewigt: John F. Kennedy („Ich bin ein Berliner") und Ronald Reagan („Mr. Gorbachev, tear down this wall").

Berliner Mauer auf Wilshire Boulevard

INFO

Lage: In diversen Städten im Landkreises Los Angeles. Die Kunstwerke sind im ganzen Stadtraum verteilt.

Anfahrt: Alle Besichtigungen im Raum von Los Angeles sollte man aufgrund von Entfernungen und Verkehrsaufkommen entweder geografisch oder thematisch gut planen. Die Kunstwerke lassen sich entweder mit anderen Aktivitäten im selben Stadtviertel verbinden oder als thematische Tour organisieren.

Aktivitäten:

- América Tropical Interpretive Center: Dienstag bis Sonntag 10 bis 15 Uhr, Tel. +1 213 4856855, 125 Paseo de la Plaza, Los Angeles, *theamericatropical.org*
- Estrada Courts Murals: 3232 Estrada Street, Los Angeles, CA 90023, an der Kreuzung Olympic Boulevard und Lorena Street, *laconservancy.org/locations/estrada-courts*
- Murals von Nipsey: 3420 West Slauson Avenue F, Los Angeles, CA 90043
- Murals von Bryant: *kobemural.com/post/kobe-bryant-murals-in-downtown-los-angeles-dtla-staples-center*
- Murals von Nipsey und Bryant: 1199 South La Brea Avenue, Los Angeles, CA 90019, *kobemural.com/post/kobe-bryant-nipsey-hussle-murals-in-los-angeles-southern-california*
- Berliner Mauer: 5900 Wilshire Boulevard, Los Angeles, CA 90036, *wendemuseum.org/collections/berlin-wall-segments*

Websites:

- *findmasa.com/city/los-angeles*
- *discoverlosangeles.com/things-to-do/discover-new-artwork-in-las-mecca-for-murals*
- *urbankulturblog.com/2018/10/28/downtown-los-angeles-street-art-walking-tour*

34. Soul of America: die „Black Experience" in Los Angeles

Die afroamerikanische Gemeinde wuchs in den 1880er-Jahren, nachdem die Sklaverei in den Südstaaten endete. 1910 hatte Los Angeles die größte schwarze Gemeinde des Westens.

Künstlergemeinde Leimert Park

Schon 1872 wurde die noch immer politisch und sozial sehr engagierte, bedeutsamste Kirche der Gemeinde, die First African Methodist Episcopal Church of Los Angeles (First A.M.E. oder FAME), gegründet. Die Central Avenue in Downtown L.A. war vor dem Zweiten Weltkrieg das Zentrum der Jazz- und Bluesclubs. Jazz-Stars Charles Mingus, Dexter Gordon, Chico Hamilton und Buddy Collette sind geborene Angelenos, die hier Karriere machten.

First African Methodist Episcopal Church of Los Angeles

Die afroamerikanische Gemeinde macht nur neun Prozent der Bevölkerung aus, hat aber bedeutenden kulturellen und gesellschaftlichen Einfluss auf Musik (vom Jazz bis zum Rap), Film, Literatur, Sport und Mode.

Um einen guten Einblick in die „Black Experience" zu bekommen, gibt es viele Möglichkeiten. Verschaffen Sie sich als erstes einen Überblick im

California African American Museum, das sich mit dem kulturellen Erbe und der Geschichte der Afroamerikaner, mit Schwerpunkt auf Kalifornien und dem Westen der USA, auseinandersetzt.

Alta Adams Restaurant

Besuchen Sie einen Gospel Gottesdienst in der First A.M.E. Church. Der 70 Sänger starke Brookinaires Gospel Choir ist weltberühmt und hat auch bei Europa-Tourneen Erfolge gefeiert. Der Gottesdienst ist auf Englisch, aber Pastor Robert Ryland Shaw ist leicht zu verstehen. Dazu gehört es auch, sich formell zu kleiden. Die Herren tragen Stoffhosen und Hemden. Die Damen kommen in Kleidern. Am Ende des Gottesdiensts wird eine Spende erwartet. FAME finanziert alle sozialen Hilfsprogramme mit Spenden.

Lemeir Mitchell, Gründer von Happy Ice

Los Angeles hat eine anerkannte Soul-Food-Szene. Das Roscoe's House of Chicken and Waffles ist legendär. Das erste Restaurant liegt direkt bei den Paramount Studios. Inzwischen gibt es acht Standorte, aber in Hollywood hat man immer noch die besten Chancen, Eddie Murphy, Kendrick Lamar und Snoop Dogg zu sehen. Das Alta Adams ist von Kritikern hoch gepriesenen, Chefkoch Keith Corbin verbindet typische Soul-Food-Rezepte mit der modernen kalifornischen Küche. Zur Nachspeise gibt es im Happy Ice veganes Fruchteis des Tattoo-Künstlers Lemeir Mitchell.

45 Malik Books

Buchhandlungen in der afroamerikanischen Gemeinde sind Treffpunkt der Intellektuellen, der politischen Aktivisten und Künstler. Ehepaar Malik und April Muhammad gründeten Malik Books im Jahr 1989 und haben sich mit einem guten Standort, dem Buchmobil und vielen Gemeinde-Aktionen viele Fans und Kunden erarbeitet. Spike Lee, viele Basketballstars und Schauspieler sind Freunde.

Die Kingdom Parade im Januar und das Central Avenue Jazz Festival im Juli sind bedeutende Events, die den Eindruck komplettieren.

INFO

Lage: Im Stadtgebiet Los Angeles verteilt.

Aktivitäten:

- California African American Museum: Dienstag bis Samstag 10 bis 17 Uhr, Sonntag 11 bis 17 Uhr; Eintritt kostenlos, Parken 12 USD; im Exposition Park, 600 State Drive, Los Angeles, CA 90037, *caamuseum.org*
- First A.M.E. Church: Gottesdienst um 8, 10 und 12 Uhr, bitte 30 Minuten eher eintreffen; 2270 South Harvard Boulevard, Los Angeles, CA 90018, *famechurch.org*
- Roscoe's House of Chicken and Waffles: täglich von 8 Uhr bis Mitternacht; 1514 North Gower Street, Hollywood, CA 90028, Tel. +1 323 466 7453, *roscoeschickenandwaffles.com/locations-and-hours*
- Alta Adams: Donnerstag bis Sonntag 11:30 bis 21 Uhr; 5359 West Adams Boulevard, Los Angeles, CA 90016, Tel. +1 323 571 4999, *altaadams.com*

- Happy Ice: zwei Trucks, weitere Standorte und Zeiten werden mit #happyicela auf X und Instagram aktualisiert; Montag bis Sonntag von 12 bis 22 Uhr; 7324 Melrose Avenue, Los Angeles, CA 90046
- Malik Books: Montag bis Samstag 10 bis 21 Uhr; Sonntag 11 bis 19 Uhr; 3650 W. Martin Luther King Jr. Blvd, Suite 245, Los Angeles, CA 90008, *malikbooks.com*
- Kingdom Day Parade: Januar; wird auf dem Fernsehsender ABC live übertragen, Datum und Programm unter kingdomdayparade.org
- Central Avenue Jazz Festival: Juli; kostenlos; im Central Avenue Jazz Park, 4222 South Central Avenue, Los Angeles, CA 90011, *centralavejazzfest.com*

Weitere Events:

- *blackculturalevents.com*
- *soulofamerica.com/us-cities/los-angeles/los-angeles-events/*

Unterkünfte: Seit 2020 achten viele Einheimische und Reisende auf das Label „Black Owned", ein Betrieb im Besitz von Afroamerikanern. In Los Angeles gibt es zwei Hotels, die unter Touristen sehr beliebt sind:

- Sheraton Gateway Los Angeles Hotel: beim Flughafen LAX; 6101 West Century Boulevard, Los Angeles, CA 90045, Tel. +1 310 642 1111, *marriott.com/hotels/travel/laxsi-sheraton-gateway-los-angeles-hotel*
- Hilton Garden Inn: 2005 North Highland Avenue, Hollywood, CA 90068, Tel.+1 323 876 8600, *hilton.com/en/hotels/laxhogi-hilton-garden-inn-los-angeles-hollywood/*

Website: *discoverlosangeles.com/visit/the-african-american-culture-entertainment-guide*

Hinweise: Der Februar ist der „Black History Month" in den USA. In diesem Monat finden besonders viele kulturelle und künstlerische Veranstaltungen statt, um bedeutende Afroamerikaner und historische Ereignisse zu ehren.

35. Wildlife Learning Center: bei Faultieren, Stachelschweinen und Gürteltieren

Das Wildlife Learning Center liegt in einem schattigen Olivenhain im heißen San Fernando Valley. Die Gründer Paul Hahn, Ökologe an einer nahen Universität, und David Riherd, Molekularbiologe, brachten schon 1993 gerettete Tiere in Schulen mit, um Schüler und Studenten für Tierliebe und Naturschutz zu begeistern. Paul und David hatten schon damals das Ziel, Biologie anschaulich mithilfe von geretteten Tieren zu lehren. Es wurde für beide eine Lebensaufgabe, die 2007 zur Eröffnung des Wildlife Learning Center (WLC) führte.

Die gemeinnützige Organisation hat die Aufgabe, Menschen zu inspirieren, Tiere in der Natur und die Umwelt insgesamt zu schätzen und zu schützen. Heute wird das Wildlife Learning Center durch Spenden, öffentliche Zuschüsse, Lehraufträge in lokalen Schulbezirken und die eigenen Tour- und Besucherprogramme finanziert. Alle Tiere, die hier ein Heim finden, können aufgrund von Verletzungen oder Alter nicht in die Wildnis entlassen werden.

Haupteingang des WLC

Besucher treffen im WLC im Vorort Sylmar auf 70 teils sehr exotische Tiere aus aller Welt. Auf dem Rundgang durch den schönen Park werden einem die einzelnen Tiere mit ihrer persönlichen Geschichte näher gebracht. Auf allen Tafeln lernt man auch viel über die Gattung in der Natur, die Probleme und Gefahren, die ihnen dort drohen und wie sie artgerecht gehalten werden.

Informationstafel zu Faultieren

Alligator Fluffy

Am bekanntesten ist wohl die Schleiereule Zeus. Die niedliche kleine Eule ist blind. Ein Tierliebhaber entdeckte sie, als sie an seine Hauswand geflogen war und benommen auf dem Boden saß. Blind kann Zeus in der Natur nicht überleben. Das WLC bot sofort an, Zeus aufzunehmen. Die schöne Story mit Happy End lief in den Lokalnachrichten und die Eule wurde ein Hit in den Social-Media-Kanälen. Der Alligator Fluffy hatte eine harte Kindheit. Er war als illegales Haustier erworben worden und musste seine ersten Jahre in einer Badewanne verbringen. Als er dann zu groß und gefährlich wurde, lieferte der Besitzer ihn beim WLC ab. Hier lebt er heute in seinem eigenen Gehege. Adler Denali macht dieselben Erfahrungen wie viele Senioren: Rheuma, in diesem Fall mit heftiger Arthrose im Flügel, macht dem majestätischem Vogel das Leben in der Natur in North Carolina unmöglich. Er wurde verletzt gefunden und verbrachte ein Jahr in der Reha, bis alle Hoffnung auf eine Entlassung in die Wildnis

Burmesische Albino Python

Adler Dakota

aufgegeben wurde. Denali hat nun im WLC ein Zuhause gefunden.

Unter der fachkundigen Anleitung von Biologen des Centers kann man auch besondere Tierbesuche erleben, beispielsweise das Abendessen des Stachelschweins, wo Besucher mit ins Gehege und das Futter verteilen dürfen. Im Schlangenhaus kann man seinen Mut zeigen, indem man eine fast drei Meter langen Boa hält. Beim Furrific Trio trifft man gleich drei Tiere: einen Igel, ein Kaninchen und einen Chinchilla. Die drei haben gemeinsam, dass sie besondere Fähigkeiten haben, sich der Natur anzupassen, um zu überleben. Auch Faul-

Silberfuchs Kona

tiere sind beliebt: Beim Sloth Social darf man mit ins Gehege und ein Foto mit dem freundlichen Sid machen. Dabei lernt man auch, dass Faultiere so darauf eingerichtet sind, kopfüber hängend im Baum zu leben, dass sie gar nicht richtig laufen können.

Ara Papageien

Inmitten des schönen Geländes gibt es auch Gartenanlagen, in denen man seine eigene Picknick-Safari veranstalten kann – eine geleitete Tour mit anschließendem mitgebrachten Picknick umringt von kunterbunten Papageien. Am Ende kommen zum Dank dann auch ein Gürteltier, ein Stachelschwein und eine Eule für Andenkenfotos und die persönliche Tierbegegnung hinzu.

INFO

Lage: Das WLC liegt im Norden des San Fernando Valley, nahe der Autobahnkreuzung von I-5 und I-210 in der Stadt Sylmar, 16027 Yarnell Street, Sylmar, CA 91342

Öffnungszeiten: Montag bis Sonntag 10 bis 17 Uhr. Touren mit Anmeldung täglich, Tel. +1 818 362 8711.

Eintritt: 16 USD, Kinder 14 USD

Hinweis: Für die allgemeine Tour sollte man 1,5 bis zwei Stunden einplanen. Der Besuch ist eine gute Familienaktivität und für Kinder ab dem Grundschulalter zu empfehlen. Die Tierbegegnungen kann man auch kurzfristig beim Besuch hinzubuchen. Die „Treffen" mit einzelnen Tieren kostet extra.

Website: *wildlifelearningcenter.org*

HOCHWÜSTE

Ivanpah Valley in Mojave National Preserve

Hochwüste

36. Treffen der Flieger: Plane Crazy Saturday am Mojave Air and Space Port
37. Pappy and Harriet`s Pioneertown Palace: das beste Honkytonk in Kalifornien
38. Mojave National Preserve: Lavatunnel und Joshua Trees
39. Wolf Mountain Sanctuary: einmal einen Wolf küssen
40. Lone Pine Museum of Western Film History: ein Muss für alle Westernfans
41. Star Wars Canyon: auf Augenhöhe mit Kampfpiloten

Aberdeen
Independence
40
Lone Pine
Whitney Portal
Keeler
41
Cartago
Haiwee
Teakettle Junction
Stovepipe Wells
Panamint Springs
Skidoo
Death Valley
Tal des Todes Nationalpark
Beatty
Chloride City
Ashton
95
Leeland
Amargosa Valley
NEVADA
Cactus Springs
Indian Springs
Crystal
Scranton
Pahrump
Las Veg
127
Sandy Valley
Mountain Pass
38
Joshua
Mojave Nationalpark
Inyokern
Ridgecrest
395
Johannesburg
KALIFORNIEN
Baker
36
California City
Mojave
58
Edwards
Boron
Rosamond
15
Barstow
40
Lancaster
Palmdale
Littlerock
Adelanto
Apple Valley
Victorville
39
Acton
Pinon Hills
Phelan
Hesperia
Wrightwood
Lake Arrowhead
Running Springs
Big Bear City
37
Landers
La Crescenta
Crestline
Yucca Valley
Twentynine Palms
Rancho Cucamonga
Fontana
San Bernardino
Morongo Valley
Los Angeles
Ontario
Riverside
Desert Hot Springs
Joshua Tree Nationalpark
Long Beach
Moreno Valley
Palm Springs
Palm Desert
Indio

36. TREFFEN DER FLIEGER: PLANE CRAZY SATURDAY AM MOJAVE AIR AND SPACE PORT

Der Plane Crazy Saturday ist eine einzigartige Gelegenheit, die großen Stars der Pilotenwelt hautnah und ganz persönlich zu treffen und erleben, und eventuell einen Flug in einem historischen Flugzeug zu ergattern. Das Event ist ideal für Familien.

Der Westen der USA bietet viel weites, unbewohntes Land und diese Eigenschaft prädestiniert die Wüste für Testflüge und andere Projekte, die vor neugierigen Augen geschützt werden sollen. So wurde das Antelope Valley, das Hochwüstental nördlich von Los Angeles, zum Mekka der Fliegerei. Hier landete der Space Shuttle auf der Edwards Air Force Basis. Virgin Galactic ist am Mojave Space Port, dem einzigen öffentlich zugänglichem Raumfahrthafen des Landes, zu Hause. Lockheeds Eliteeinheit Skunk Works entwickelt futuristische Flugobjekte, und mehrere Testpilotenschulen bilden Elitepiloten aus.

Kampfflugzeuge sind besonders beliebt.

Piloten fliegen zum Treffen und parken auf dem Rollfeld.

Einmal monatlich versammelt sich die Gemeinde, laut Begründer Bill Deaver eine Brüderschaft von Piloten. Zum Plane Crazy Saturday (auf deutsch flugzeugverrückter Samstag und im englischen ein Wortspiel auf „plain crazy", „einfach verrückt") kommen die hier ansässigen Stars der Szene und teilen mit Begeisterung ihre Erfahrungen und aufregenden Geschichten insbesondere gerne mit Kinder und Jugendlichen.

Schild des einzigen öffentlichen Raumfahrthafens

Die Atmosphäre ist entspannt und auch Fremden gegenüber sehr freundlich. Viele der Piloten fliegen ein und parken ihre Privatflugzeuge, darunter befinden sich auch antike Militärflugzeuge, auf dem Rollfeld. Sie bieten auch kurze Rundflüge gratis an. In einer Flughalle sind Kinder und Jugendliche zum kostenlosen Modellbau eingeladen. Das selbst gebaute Flugzeug können sie dann gleich mit Gummiband abschießen und als Andenken mit nach Hause nehmen.

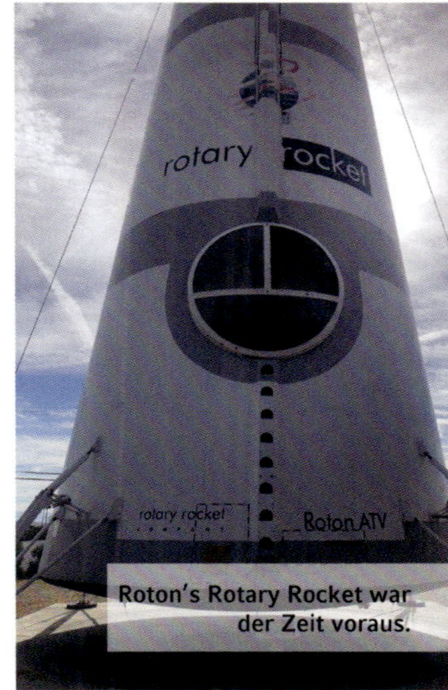

Roton's Rotary Rocket war der Zeit voraus.

Diese Veranstaltung wird durchgeführt vom Mojave Transportation Museum, das die Luftfahrtgeschichte der Gegend ehrt. Fliegerlegende Dick Rutan hob hier 1986 zum ersten Flug um die Welt ohne Unterbrechung und ohne Tanken schaffte. Den Weltrekord teilt er mit Pilotin Jeana Yeager. Dick und sein Bruder Burt haben das Flugzeug Voyager dafür hier entworfen und gebaut. Jeden Monat wird ein Moderator eingeladen. Besonders beliebt sind die Testpiloten und Ausbilder von der benachbarten

Kinder sind immer willkommen.

Edwards Air Force Base, wie Testpilot Ken „Razor" Shick, der die anwesenden Jugendlichen und Eltern mit spannenden Geschichten motiviert und unterhält. Hier beginnen viele Karriereträume.

Gründer und Direktor Bill Deaver

Apropos Voyager: So heißt auch das Restaurant im Flughafen, in dem es typische amerikanische Gerichte gibt: Hamburger, Pommes Frites und gegrilltes Käsebrot. Hier hat man manchmal das Glück, mit den Pilot-Legenden am Tisch zu sitzen und ins Gespräch zu kommen.

INFO

Lage: Der Space Port liegt im Norden von Los Angeles, ca. 1,5 Stunden Fahrt, an der SR-58; 1434 Flight Line, Mojave, CA 93501

Anfahrt: Der Parkplatz liegt am Voyager Restaurant auf dem Gelände des Space Ports. Von Süden kommend auf I-5 Richtung Norden, nach 2,5 Kilometern auf SR-14 North in Richtung Palmdale/Lancaster bis zur Ausfahrt SR-58 East Business Loop. Rechts abbiegen, nach 1,3 Kilometern links abbiegen auf Airport Boulevard. Aus dem Osten oder Westen kommend, Las Vegas über Barstow im Osten oder Bakersfield im Westen: SR-58 verbindet Barstow und Bakersfield. Die Straße ist gut ausgebaut, mit wenigen Ampeln, aber viel Lkw-Verkehr. Fahrzeit vom Spaceport nach Bakersfield: eine gute Stunde; nach Las Vegas circa 3,5 Stunden.

Öffnungszeiten: immer am dritten Samstag des Monats 10 bis 14 Uhr. Offizielle Ansprache um 11 Uhr.

Eintritt: kostenlos

Unterkunft:

- Best Western Desert Winds: 16200 Sierra Highway, Mojave, CA 93501, Tel. +1 661 824 3601, *mojavemuseum.org/plane-crazy-saturday*

37. PAPPY AND HARRIET`S PIONEERTOWN PALACE: DAS BESTE HONKYTONK IN KALIFORNIEN

Die Hochwüste ist als Wochenendziel unter Südkaliforniern so beliebt, weil man innerhalb von nur etwa zwei Stunden Fahrt die beeindruckende Wildnis erreicht. Bizarr anmutende Felsformationen, mit Joshua Trees bewachsene Hügel vor Bergpanoramen und wenige, weit auseinander liegende Anwesen bieten Ruhe, Natur und gewollte Einsamkeit. Dann, mitten in der Wüste, leuchtet ein Schild am Straßenrand in Pioneertown. Weit mehr als hundert Autos, Trucks und Motorräder füllen den Parkplatz, und vor dem Eingang warten Dutzende hoffnungsfroh auf Einlass in diesen legendären Saloon.

Pappy and Harriet's begann 1942 als La Cantina, eine TexMex-Saloon-Drehkulisse, aus der 1972 eine Bar mit BBQ und mexikanischen Burritos auf der Speisekarte wurde. Die ursprünglichen

P&H's Neon-Schild lockt in der Nacht.

Schon mittags bildet sich eine Schlange.

Stammkunden waren eine recht wilde Mischung aus Bikern und Wüstenanwohnern, die ihre Isolation von der normalen Gesellschaft genossen. 1982 übernahmen Claude „Pappy" Allen und seine Frau Harriet das Geschäft, und innerhalb kurzer Zeit wurde der Saloon ein Sammelpunkt für eine sehr bunte Mischung aus Bikern, Soldaten eines nahe gelegenen Stützpunktes, Musikern und Künstlern aller Art.

„High Desert Rock" erlebte seine erste Glanzzeit, und Musiker wie Howe Gelb, Lucinda Williams, Dusty Wakeman und Victoria Williams jammten fröhlich auf der kleinen Bühne. Country- und Bluegrass-Star Jim Lauderdale feiert seit den späten 1980er-Jahren hier seinen Geburtstag mit einer Jam Session, zu der alle Freunde kommen.

P&H ist nur von Donnerstag bis Montag geöffnet, und am Wochenende kann das Warten auf einen Tisch schon mal anderthalb Stunden dauern. Macht aber nichts, weil man sich an der Bar immer

Freiluft-Bar und Bühne

schon mal ein Bier oder eine wirklich gute Bloody Mary, die in einem Einmachglas serviert wird, holen kann. Der Saloon bietet drinnen 350 Gästen Platz. Draußen sind es nochmals 850. Dort sind auch zwei offene Innenhöfe, wo man auch essen und trinken kann, aber die Bühne nicht sieht. Im Sommer finden teilweise auch Konzerte auf der Freiluftbühne statt.

Das Publikum ist gemischt, Biker, junge Frauen aus Los Angeles, Hipster aus der Werbe- und Unterhaltungsszene, die LGBTQ-Gemeinde aus Palm Springs und Familien mit kleinen Kindern aus der weiteren Umgebung. Im Gegensatz zu vielen Clubs fühlt mach sich in P&H auch in jedem Alter wohl. Meistens wird Countrymusik gespielt, aber wenn Robert Plant oder Kesha auftauchen, ist das Publikum auch zufrieden.

Pappy & Harriet's ist in den USA berühmt und hat auch gelegentlich Superstars der Musikszene auf der kleinen Bühne. Paul McCartney und Neil Young sind hier 2017 aufgetreten. Los Lobos, bekannte Band aus East L.A., spielt regelmäßig hier. Die Kanadierin (Leslie) Feist entflieht dem kalten Winter zu Hause, und sogar Mitglieder der Wiener Band Son of the Velvet Rat sind von November bis Mai Anwohner. Auch Lorde, Nelo Case, Eagles of Death Metal und viele andere spielen gerne hier. Darum ist es wichtig, frühzeitig Karten zu bestellen. Besondere Vorplanung ist auch zur Musik-Festival-Saison geboten. Wenn in der Nähe das Coachella Valley Music and Arts Festival und das Stagecoach Festival stattfinden, treffen sich die Superstars in der Hochwüste wieder, und die Fans stehen über Nacht an.

Paul McCartney und Neil Young

Mane Street in Pioneertown

Nicht weit vom P&H liegt Pioneertown, in den 1940er-Jahren als Film- und Fernsehkulisse gebaut. Die damaligen Investoren, darunter auch Western Stars Gene Autry und Roy Rogers, hatten die clevere Idee, das Drehgelände auch als ein Wochenendziel auszubauen. An „Mane Street" liegen das „Gefängnis", der „Pferdestall", der „Sheriff" und weitere Western-Gebäude, alles Außenkulissen, die im Gegensatz zu reinen Filmstudiofassaden als volle Häuser gebaut wurden und Galerien und Geschenkboutiquen beherbergen.

INFO

Lage: Der Saloon liegt in Pioneertown, CA, zehn Minuten Fahrt von Yucca Valley, nah an Joshua Tree National Park, 53688 Pioneertown Road, Pioneertown, CA 92268

Anfahrt: Nehmen Sie die I-10 East zur SR-62 (29 Palms Highway, Joshua Tree National Park) bis Yucca Valley. Dort biegen Sie an der zweiten Ampel (Pioneertown Road) links ab und folgen der Pioneertown Road etwa sechs Kilometer.

Öffnungszeiten: Donnerstag und Freitag 11 bis 23 Uhr, Samstag und Sonntag 10 bis 23 Uhr, Montag von 16 bis 23 Uhr

Eintritt: unterschiedlich, je nach Konzert. Wenn keine Show stattfindet, ist es kostenlos.

Unterkünfte:

- Pioneertown Motel: 5240 Curtis Road, Pioneertown, CA 92268, Tel. +1 760 365 7001, *pioneertown-motel.com*
- Rimrock Ranch Cabins: 50857 Burns Canyon Road, Pioneertown, CA 92268, Tel. +1 760 228 0130, *rimrockranchpioneertown.com*

Website: *pappyandharriets.com*

38. MOJAVE NATIONAL PRESERVE: LAVATUNNEL UND JOSHUA TREES

Zwischen Los Angeles und Las Vegas liegt dieses Gebiet, das viel unberührte Natur und jede Menge Highlights bietet. Im Besucherzentrum Kelso Depot erhält man die wichtigsten Informationen zum Wandern, Broschüren und Karten, um die Abenteuer in der Wüste planen zu können.

Haben Sie schon einmal einen Lavatunnel erforscht? Der letzte Lavaausbruch in der Mojave Desert liegt nur etwa 10.000 Jahre zurück. In den Millionen von Jahren der Ausbrüche entstand eine begehbare Lavahöhle als Teil des Cima Dome & Volcanic Field National Natural Landmark. Schon von Weitem sieht man 32 rot-

Cima Dome

schwarze konische Formen aus vulkanischen Fels in der flachen Landschaft, die von einem erhärteten Lavafluss umringt sind. Einer der Tunnel bietet die Gelegenheit, den unterirdischen Lavafluss zu erleben. Der Tunnel ist circa 60 Meter lang, und natürliches Licht dringt durch Öffnungen in der Decke ein. Ein etwas sportlicher, kurzer Wanderweg führt vom Parkplatz zum Eingang der Höhle. Dort angekommen klettert man eine Metalltreppe hinunter, dann über Felsbrocken in den Tunneleingang. Eine Taschenlampe ist hier sehr nützlich, aber nicht zwingend.

Erkalteter Lavafluss

Begehbare Lavahöhle

Hole in The Wall Rings Trail

Teutonia Peak Trail

Der Lavatunnel liegt an der Aiken Mine Road, die von der Kelbaker Road abgeht. Es geht an einem Wassertank und einem Korral vorbei. Nach sieben Kilometern an der Abzweigung links halten, nach weiteren 400 Metern erreicht man den unbefestigten Parkplatz. Dann geht es auf holpriger Strecke bergauf zu Fuß weiter, bevor es rechts ab zur hoffentlich markierten Lavahöhle geht, die Schilder verwittern und werden nicht regelmäßig ersetzt.

Erklimmen des Hole in The Wall Rings Trail

Der größte Joshua-Tree-Wald der Welt liegt am Teutonia Peak Trail. Diese Wanderung führt fast 6,5 Kilometer durch eine steinige, bergige Wüstenlandschaft. Es geht 215 Meter teils auch recht steil bergauf. Im Winter kann es hier sehr kalt und windig sein, im Sommer misst das Thermometer dafür täglich über 40 Grad. Die Mühe des Wanderns wird mit traumhaften Aussichten vom Teutonia Peak auf Cima Dome, die Bergkette und die endlose Wüste belohnt. Den Wald und die verlassene Teutonia-Silbermine finden Sie schon direkt am Beginn der Wanderung.

Dünenlandschaft

Wirklich sehr sportlich wird es auf dem Hole-in-the-Wall Rings Trail. Der Rundgang ist nur zweieinhalb Kilometer lang, aber Vorsicht ist geboten für alle, die Höhenangst haben oder nicht gerne klettern. „Hole in the Wall" ist eine gute Beschreibung der Felsformation, die vor Millionen von Jahren entstand, als ein nahe gelegener Vulkan ausbrach und die Landschaft mit einer Mischung aus Gas und Asche übergoss. Die Asche kühlte ab und das Gas evaporierte, dadurch entstanden die porösen Löcher im Gestein. Der dramatischste Teil der Wanderung ist der Abstieg in den Banshee Canyon. Der Wind im Canyon „kreischt" laut, wenn er durch die Felslöcher pfeift. Um in die enge, 80 Meter lange Felsschlucht abzusteigen, muss man gut klettern können. Zur Sicherheit sind eiserne Ringe in den Felsen eingeschlagen worden. Unten öffnet sich der Canyon in ein natürliches Amphitheater. Der Wanderweg führt durch eine offene Wüstenlandschaft zum Hole-in-the-Wall-Besucherzentrum zurück. Hier gibt es WCs und Picknicktische.

INFO

Lage: Das Naturschutzgebiet liegt zwischen I-15 und I-40 im Südosten und grenzt an Nevada. Es umfasst 6200 Quadratkilometer und ist damit das drittgrößte Gebiet im Nationalparksystem.

Anfahrt:

- Die Aussichtsstrecke durch die Wüste nimmt als direkte Fahrt nur knapp zwei Stunden in Anspruch: Von Los Angeles kommend auf I-10 East zum I-15 North. In Barstow ab auf I-40 East. Ausfahrt 78/Kelbaker Road ist die Einfahrt ins Naturschutzgebiet. Links auf Kelbaker Road, dann rechts auf Kelso Cima Road, die später zur Morning Star Mine Road wird. Links ab auf Ivanpah Road, links auf Nipton Road, rechts auf I-15 North Richtung Las Vegas. Von Las Vegas kommend kehrt man diese Strecke einfach um, vom I-15 South beginnt es mit der Ausfahrt 286/Nipton Road, die kurz hinter der Staatsgrenze Nevada-Kalifornien liegt.
- Lavatunnel: GPS: 35.21648,-115.75093
- Joshua-Tree-Wald: Der Beginn des Wanderweges liegt an der Cima Road, 17,5 Kilometert südlich der Ausfahrt vom I-15. GPS: 35.31625,-115.5525
- Hole-in-the-Wall Rings Trail: Abfahrt 100/Essex Road vom I-40, dann gen Norden auf Essex Road. Nach 16 Kilometern geht es rechts ab auf Black Canyon Road. Nach weiteren 16 Kilometern liegt Hole-in-the-Wall auf der linken Seite. GPS: 35.0440,-115.3980

Unterkünfte:

- In ausgewiesen Teilen des Gebiets ist wildes Zelten mit maximal neun Personen in einer Gruppe erlaubt. Teilweise gibt es Feuerplätze und Campingtoiletten. Der Park hat strenge Umweltschutzgesetze, die von Rangers überwacht werden.
- Es gibt vier offizielle Zeltplätze. Anmeldung Tel. +1-760 252 6108; 25 USD pro Gruppe pro Nacht; *nps.gov/moja/index.htm*

Hinweise:

- Trinkwasservorräte und Snacks mitnehmen. Das Schutzgebiet ist groß und einsam. Es gibt hier so gut wie keine Dienstleistungen und nur sehr wenige, kleine Ortschaften.
- Vor der Abfahrt unbedingt Auftanken.
- Die Naturstrecken kann man nur mit Allrad-Fahrzeugen mit hoher Bodenfreiheit befahren.

39. WOLF MOUNTAIN SANCTUARY: EINMAL EINEN WOLF KÜSSEN

Auf der Fahrt zum Wolf Mountain Sanctuary bekommt man ein Gespür für die Wildnis der Hochwüste nordöstlich von Los Angeles. Die Bear Valley Road führt durch eine immer einsamer werdende, staubige Wüstenlandschaft. Hier oben, nur über einen unbefestigten Weg erreichbar, liegt das Wolf Mountain Sanctuary, ein 1985 gegründetes Schutzzentrum für nordamerikanische Wölfe und Wolfmischlinge.

Im Gegensatz zu Deutschland, wo Wölfe selbst am Stadtrand von Berlin gesichtet werden, sind Wölfe auf dem nordamerikanischen Kontinent fast ausgerottet worden. Laut Schätzungen leben nur noch etwa 18.000 Grauwölfe in den USA, zwei Drittel davon in Alaska. Es gab mal um die zwei Millionen über ganz Nordamerika verstreut. Seit 1978 sind Grauwölfe als vom Aussterben gefährdet eingestuft und geschützt.

Tonya Littlewolf

Wegzeiger an der Einfahrt

Tonya Littlewolf, Gründerin des Schutzlagers und Botschafterin für Wölfe, hat ihr Leben mit den Tieren verbracht. Ihre Großeltern väterlicherseits haben sie im San Carlos Reservat in Arizona aufgezogen. Apachen glauben, dass sie mit Tieren seelenverwandt sind. Tonya hat eine Wolfsseele. Instinktiv wusste sie als schon als kleines Kind, wie man mit den im Reservat lebenden mexikanischen Wölfen umgeht.

Ihre Leidenschaft hat zu ihrem Lebenswerk geführt. Sie möchte mittels Führungen durch das Gelände den Menschen zeigen, dass das schlechte Image, das der Wolf hat, nicht der Wirklichkeit entspricht.

Die Dozenten der Führungen, die meisten arbeiten ehrenamtlich, geben zuerst Sicherheitsanweisungen. Und dann geht es durch mehrere geschlossene Tore ins Areal der Wölfe. Die Gruppen sind

Ein Jungwolf wird an Besucher gewöhnt.

immer klein, nur zwölf Teilnehmer. Die Wölfe leben in eingezäunten Gehegen. Verletzte Tiere, die in ärztlicher Behandlung sind, werden in Zwingern gehalten. Alle Tiere wurden in Gefangenschaft geboren und vor Misshandlung gerettet oder adoptiert, weil sie illegal als Haustiere gehalten wurden oder für Filmarbeit trainiert waren. Keiner dieser Wölfe könnte in der Wildnis überleben. Außerdem sind viele der Tiere Mischlinge, mit Hund oder Kojote. Aber alle sind als Wölfe klassifiziert. Private Haltung ist streng verboten.

Die Tour ist interessant und unterhaltsam. Die Dozenten erklären den Lebenslauf einzelner Wölfe und die aktuelle Lage der vom Aussterben bedrohten Tiere, die trotzdem gejagt werden. Viele Fakten werden übermittelt. Zum Beispiel erfährt man, dass Wölfe hundertmal besser riechen können als Menschen und dass ihre Sinne wesentlich mehr entwickelt sind als bei Hunden. Wild lebende Wölfe werden acht bis zehn Jahre alt, in Gefangenschaft 15 Jahre oder mehr. Die Farbe ihres Pelzes wird mit dem Altern immer dunkler.

Marion wird von Holan begrüßt.

Viele Menschen haben eine mystische Verbindung zu Wölfen. Wölfe, auch die Tiere von Wolf Mountain Sanctuary, werden zur tiertherapeutischen Behandlung von posttraumatischer Belastungsstörung bei Kriegsveteranen und Opfern von Gewalttaten eingesetzt. Einige trainierte Tiere gehen auch als Botschafter ihrer Gattung mit Tonya zu Schulen.

Die Tour schließt ein wahres Highlight ab: Unter der Aufsicht der Dozenten kann man einen ruhigen, gut gefütterten Wolf direkt begrüßen, jeder Besucher kann den Wolf ganz hautnah erleben. Es werden auch Fotos gemacht. Alle Erlöse helfen die laufenden Kosten zu tragen.

Dozentin N. arbeitet mit Holan.

INFO

Lage: Nahe Apple Valley am I-15 in der Hochwüste gelegen, und gut zu verbinden mit einer Fahrt Richtung Joshua Tree National Park oder Las Vegas, 7520 Fairlane Road, Lucerne Valley, CA 92356

Anfahrt: Vom I-15 Abfahrt 147, etwa 20 Kilometer gen Osten auf Bear Valley Road. Rechts ab auf SR-18, nach 27 Kilometern links die Abfahrt zu Fairlane Road nehmen.

Öffnungszeiten: Touren (1,5 bis zwei Stunden) finden Freitag bis Sonntag statt, jeweils drei Touren ab 10 Uhr, die letzte um 12 Uhr. Die Touren sind nur mit telefonischer Reservierung möglich, Tel. +1 760 248 7818. Privattouren für größere Gruppen und an anderen Tagen sind möglich.

Eintritt: 25 USD; Privattour 150 USD pro Person. Nur Bargeldzahlung!

Website: *wolfmountainsanctuary.net*

Hinweise:

- Keine Kinder unter 150 Zentimeter erlaubt. Sie dürfen auch nicht außerhalb der Gehege warten, sie werden von den Wölfen als Bedrohung angesehen.
- Besucher werden angewiesen Kappen, Sonnenbrillen und Schals abzulegen, da Wölfe diese als Spielzeug ansehen könnten.

40. LONE PINE MUSEUM OF WESTERN FILM HISTORY: EIN MUSS FÜR ALLE WESTERNFANS

Klein, aber Weltklasse: Auf 930 Quadratmetern im Hauptgebäude und in einer separaten Bibliothek befindet sich eine der umfangreichsten Sammlungen der Filmgeschichte der Welt. Hier wird lokale Filmgeschichte seit 1920 erzählt. Mehr als 400 teils weltberühmte Filme, zahllose Fernsehserien und über tausend Werbeclips sind hier gedreht worden. Und die Arbeit geht weiter!

Seit 1920 wurden in Lone Pine und Umgebung Filme aller Genres gedreht, darunter auch Horrorfilme wie „Im Land der Raketen-Würmer", SciFi-Hits wie „Iron Man", „Transformers" und „Godzilla", und das römische Drama „Gladiator". Western-Klassiker liegen jedoch an der Spitze. Die Liste beinhaltet den Stummfilm

Robert Downey Jr. in „Iron Man", 2008

Vor dem Museum finden auch Konzerte statt.

„The Round-Up" (1920) mit Fatty Arbuckle, beide „Lone Ranger"-Filme, 1938 mit Lee Powell und 2013 mit Johnny Depp, zwölf John-Wayne-Filme, elf Filme mit Ken Maynard, 13 Randolph-Scott-Filme und stolze 18 Filme mit Superstar Gene Autry. Den Rekord der meisten hier gedrehten Filme hält William Boyd, besser bekannt als Hopalong Cassidy, der von 1938 bis 1948 hier insgesamt 31-mal vor der Kamera stand.

John Wayne in „The Oregon Trail", 1936

Die Fassade des 2006 eröffneten Museums erinnert an ein klassisches Kinotheater. Die Lobby ist eine Filmkulisse, mit einer Panavision-Filmkamera, von denen es nur noch 30 auf der Welt gibt – eine Spende, wie die meisten Objekte. Dennis Quaid und Kevin Costner überließen dem Museum ihre Filmkos-

John Waynes „The Oregon Trail"

tüme aus „Wyatt Earp". 20th Century Fox steuerte eine voll restaurierte Postkutsche aus dem Randolph-Scott-Film „Frontier Marshal" von 1939 bei.

Quentin Tarantino, selbst ein großer Fan und Kenner der Filmgeschichte, wurde während der Vorbereitungen und Dreharbeiten für „Django Unchained" ein begeistertes Mitglied des Museums. Er mietete den Kinoraum, um seine Schauspieler und Crew mit Italowestern-Vorführungen in die richtige Stimmung zu bringen. Nach Abschluss der Dreharbeiten überließ er dem Museum seinen Regiestuhl und den Original-Wagen von Dr. King Schultz. Daraus entstand eine ganze „Django"- Ausstellung.

Eine weitere Abteilung ist John Wayne gewidmet, inklusive seinem allerletzten Dreh, kurz bevor er starb. Dabei stand er für eine TV-Werbung vor der Kamera, als Sprecher für eine Bank.

Hopalong Cassidy

Technische Erneuerungen und Veränderungen werden anhand von Filmprojektoren veranschaulicht. Das Museum besitzt einen sehr seltenen Autokino-Projektor sowie einen antiken Stummfilmprojektor. In der angrenzenden Bibliothek werden 800 Poster und mehr als 5000 Fotos aufbewahrt.

Gründer, Filmhistoriker, Film-Festival-Organisator, Autor und Inyo County Filmbeauftragter Chris Langley bietet hochinteressante Besichtigungstouren. Buchen Sie auf jeden Fall vor. Chris, der seit fast 40 Jahren sein Film-Passionsprojekt betreut, kann viele Geschichten erzählen!

Humphrey Bogart in „Entscheidung in der Sierra", 1941

INFO

Lage: Museum of Western Film History: Direkt am US-395 in der Ortschaft Lone Pine, gut drei Stunden Fahrt gen Norden von Los Angeles. 701 South Main Street, Lone Pine, CA 93545

Anfahrt: Von Los Angeles: auf I-5 North zu SR-14 North, die zur US-395 wird. 112 Kilometer weiter nördlich erreicht man Lone Pine. Von Las Vegas: I-15 South bis Barstow, dort abbiegen auf SR-58 West. Bei Kramer Junction geht es auf den US-395 North. Von Death Valley: Verlassen Sie Death Valley auf SR-190 West. Dann rechts auf SR-136, die direkt südlich von Lone Pine auf US-395 trifft.

Öffnungszeiten: täglich 9 bis 16 Uhr, an Feiertagen

Eintritt: 5 USD, Kinder unter 12 Jahren frei

Unterkunft:

- Dow Villa Motel: stammt aus den 1920er-Jahren und diente den Hollywood Western Stars als Zuhause während der Dreharbeiten; 310 South Main Street, Lone Pine, CA 93545, *dowvillamotel.com*

Website: *museumofwesternfilmhistory.org*

Hinweise: Das jährliche Lone Pine Festival findet am Columbus-Day-Wochenende (zweites Wochenende im Oktober) statt. Zu dem Anlass kommt die Westernfilmwelt hier zusammen.

41. Star Wars Canyon: auf Augenhöhe mit Kampfpiloten

Eine Fahrt durch die wilde, einsame Landschaft des Death Valley vergisst man nicht so schnell. Bunte Bergketten, alte Lavaformationen, Salzwüsten, Dünenlandschaften – die Einsamkeit und Leere scheint unendlich. Und dann – plötzlich – donnert ein Kampfflugzeug auf Augenhöhe an einem vorbei. Und wenige Sekunden später passiert der nächste Kampfpilot den Taleinschnitt neben der Landstraße, nur Meter vom Talboden entfernt.

Sie sind nicht in einem Actionfilm gelandet, Sie passieren gerade Rainbow Canyon, besser bekannt als Star Wars Canyon und auch Jedi Transition. Der westliche Teil des Death Valley National Park dient den nahen Stützpunkten der US Navy und der US Air Force seit dem Zweiten Weltkrieg als Trainingsgebiet für Düsenjägerpiloten.

Seit einem Absturz in 2019 werden nur noch Testflüge erlaubt. Der bunte, bis zu 300 Meter tiefe Canyon entstand durch Basaltlavaflüsse und Ablagerungen von Lapilli-Tuffstein vor zwei bis vier Millionen Jahren. Granit und Marmorschichten bilden die tieferen, älteren Schichten nahe dem Boden. Dadurch schillern die Wände in Rot, Rosa und Schwarztönen, die Star-Wars-Fans an den fiktiven Planeten Tatooine erinnern. Das fliegende Schauspiel ist wirklich aufregend und spannend. Die Jets passieren den Canyon mit Geschwindigkeiten von 320 bis 480 Kilometer in der Stunde und fliegen auf Augenhöhe der Zuschauer am Stra-

Hautnahes Erlebnis

Rainbow Canyon mit Sicht gen Osten

ßenrand. Touristen und Fotografen sind so nah dran, dass man die Gesichter der Piloten sehen kann. Die Piloten wissen, dass sie begeistertes Publikum haben, und geben Handzeichen, wenn sie dazu Gelegenheit haben.

Hier fliegen die Piloten, amerikanische und ausländische, mit F-15, F-18 und F-22 sowie Bombern, mit F-16I Sufa, Eurofighter Typhoon oder Sukhoi Su-30 MKI. Auch ein C-17-Globemaster-Frachtflugzeug wurde gesichtet.

Die besten Chancen, die Jets zu sehen, hat man morgens an Wochentagen, zwischen Sonnenaufgang und elf Uhr. Zu dieser Zeit sind die Luft- und Windbedingungen für die riskanten Manöver ideal. Tipp: Campingstühle und ein Picknick mitnehmen!

INFO

Lage: Der Rainbow Canyon liegt in Death Valley National Park in Inyo County an der westlichen Grenze des Parks, 209 Kilometer westlich von Las Vegas und 258 Kilometer nördlich von Los Angeles. GPS: 36.351875,-117.5507498. Der Father Crowley Overlook liegt an SR-190.

Anfahrt: Vom Osten kommend liegt der Platz 60 Kilometer westlich von Stovepipe Wells in Death Valley National Park auf SR-190. Der Parkplatz liegt auf der rechten Seite. Vom Westen kommend: Von US-395 geht es gen Osten auf SR-190 in der Ortschaft Olancha. 60 Kilometer weiter liegt der Parkplatz auf der linken Seite.

Websites:

- *nps.gov/thingstodo/watch-military-training-flights-at-rainbow-canyon.htm*
- *youtu.be/a-HsDA_cPqY*

Hinweise:

- Dronen sind streng verboten.
- Die Strecke liegt in einem Funkloch.
- Der Star Wars Canyon befindet sich im Nationalpark. Ranger kontrollieren regelmäßig die Eintrittskarten.

Palm Springs – Coachella Valley

1000 Palms Oase in Coachella Valley Preserve

Palm Springs – Coachella Valley

42. Cholla Cactus Garden im Joshua Tree National Park: die andere Seite der Wüste
43. Tahquitz Falls: Wasserfall mitten in der Wüste
44. Wandern auf der San Andreas Fault: im Naturschutzgebiet bei Thousand Palms
45. Desert X: einmaliges Kunsterlebnis im Coachella Valley

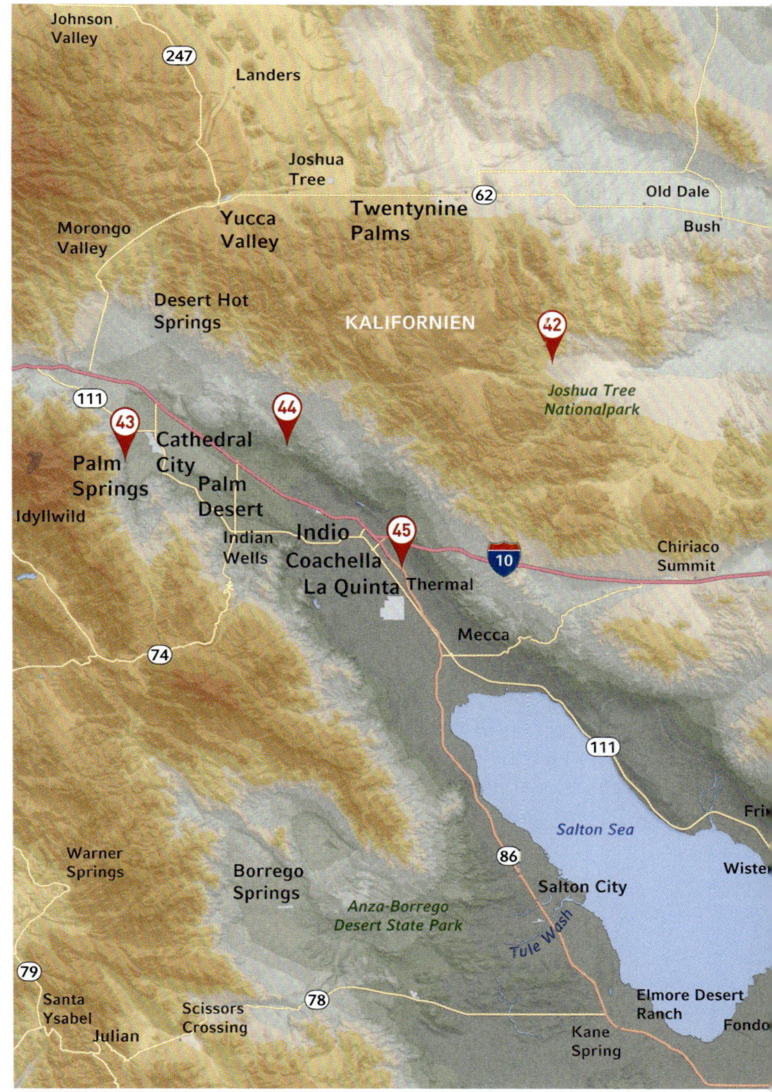
Johnson Valley
247
Landers
Joshua Tree
62
Old Dale
Bush
Twentynine Palms
Yucca Valley
Morongo Valley
Desert Hot Springs
KALIFORNIEN
42
Joshua Tree Nationalpark
111
44
43
Cathedral City
Palm Springs
Palm Desert
Idyllwild
Indian Wells
Indio
45
10
Chiriaco Summit
Coachella
La Quinta
Thermal
Mecca
74
111
Salton Sea
86
Salton City
Warner Springs
Borrego Springs
Anza-Borrego Desert State Park
Tule Wash
79
Santa Ysabel
Julian
Scissors Crossing
78
Elmore Desert Ranch
Kane Spring

42. CHOLLA CACTUS GARDEN IM JOSHUA TREE NATIONAL PARK: DIE ANDERE SEITE DER WÜSTE

Weltberühmt sind die mondähnlichen Bilder der Felslandschaft von Joshua Tree National Park, umringt von Joshua-Tree-Wäldern. Zur Hochsaison, Oktober bis Ende April, herrscht auf den nördlichen Straßen des Parks so viel Verkehr, dass die Forstverwaltung in Erwägung zieht, die Besucherzahlen einzuschränken. Unbekannter, entlegener und völlig unterschiedlich ist der südliche Teil des Parks. Alles ist hier anders, die Landschaft, die Flora, die Fauna.

Cholla Kaktuswald in der Sonora-Wüste, Joshua Tree National Park

Das heiße, sandige Tal wird von Kreosotbüschen beherrscht. Ocotillos blühen im Frühjahr knall-orange und purpurrot. Es wirkt so, als stehe die Wüste in Flammen. Die orangeroten Blüten der Chuparosa-Blume ziehen Kolibris und Schmetterlinge an, die den Nektar lieben. Wüstensand-Verbenen leben nur im Winter und Frühjahr auf. Sie überleben die Hitze und Dürre in einem Dämmerschlaf.

Auch die Tiere passen sich an. Kängururatten beziehen Flüssigkeit aus den Pflanzen und Samen und Insekten, die sie fressen. Sie können auch Nahrung mehrere Wochen in einem Maulbeutel hamstern. Die Ratte hat besonders große Hinterpfoten, mit denen sie

leichter über den Wüstensand hüpfen kann. Sie ist nachts munter, wenn die Temperaturen erträglicher sind.

Der kleinste Fuchs der Welt, der Kitfuchs, hat auffallend große Ohren, die ihm bei der Temperaturregelung durch Ausschwitzen und beim Hören helfen. Auch sie kommen nachts aus dem Erdloch und jagen dann ihre Lieblingsbeute, die Ratten.

Der nachmittags rosa blühende Cholla-Kaktus wird aufgrund seiner flauschigen Triebe auch Teddybär-Kaktus genannt. Aber Vorsicht ist geboten! Selbst ein leichtes Streifen des Kaktus kann dazu führen, dass die kleinen Nadeln in die Haut eindringen. Die Entfernung ist schmerzhaft und schwierig und erfordert fachliche Hilfe. Die Pflanze hat keine nützliche Verwendung für Menschen, aber die Wüstenratten und der Kaktus-Zaunkönig könnten ohne den stacheligen Kaktus nicht überleben.

Vor dem Anfassen wird gewarnt.

Der Rundgang im Cholla Cactus Garden ist mit Holzstegen gut ausgebaut und mit informativen Schildern ausgestattet. Der 0,4 Kilometer lange Pfad führt durch 40.000 Quadratmeter, bewachsen mit Cholla-Kakteen, einem der größten Haine der seltenen Pflanze, die nur im trockenen Südwesten der USA und dem Norden von Mexiko vorkommt, so wie viele andere Pflanzen und Blumen, die besonders im späten Winter und Beginn des Frühjahrs kunterbunt blühen. Zu dieser Zeit sind auch die Temperaturen erträglich. Die schönsten Monate sind März bis Juni.

Stege schützen Besucher und die Natur.

INFO

Lage: Der Wanderweg durch den Kaktusgarten liegt im Joshua Tree National Park, an der Pinto Basin Road, Twentynine Palms, CA. GPS: 33.9253215,-115.9288872

Anfahrt: Aus Westen kommend über die I-10 East, Ausfahrt 168, Cottonwood Springs Road. Dieser bis in den Nationalpark folgen. Der Kaktusgarten liegt auf der linken Seite. Er ist auch vom Norden des Parks kommend erreichbar.

Eintritt: 30 USD pro Pkw

Unterkünfte:

- Two Bunch Palms: schöne Pools; berühmt, da sich hier Al Capone vor dem FBI versteckt hat; 67425 Two Bunch Palms Trail, Desert Hot Springs, CA 92240, Tel. +1 760 676 5000, *twobunchpalms.com*
- El Morocco Inn and Spa Resort: mit eigenen Heißwasserquellenbädern; 66810 4th Street, Desert Hot Springs, CA 92240, Tel. +1 760 288 2527; *elmoroccoinn.com*

Website: *nps.gov/jotr/learn/nature/cholla-cactus-garden.htm*

Hinweise:

- Dieser Teil der Wüste hat von Juni bis Ende September extrem heiße Temperaturen, um 45 Grad. Die beste Jahreszeit ist der Winter und besonders der Beginn des Frühlings, wenn die Wüste blüht.
- Es gibt kein Netz.

43. Tahquitz Falls: Wasserfall mitten in der Wüste

Palm Springs ist weltberühmt. Weniger bekannt ist, dass die Stadt zum größten Teil zum Reservat der Agua Caliente Band of Cahuilla Indians gehört. Die Native Americans leben seit mehr als 5000 Jahren hier, die ihnen heiligsten Gebiete sind die Indian Canyons: Palm, Andreas und Murray Canyons sowie der benachbarte Tahquitz Canyon.

Direkt am Ortsrand geht es westlich und südlich ab in die Indian Canyons und in die Natur. Die Canyons bieten auch im Sommer Schatten und Wasser und ermöglichten somit das Überleben in der Wüste. Kulturelle und historische Schätze, darunter Felsmalereien, Ruinen und historische Bewässerungsanlagen, werden bewahrt. Natur und Umwelt sind geschützt.

Tahquitz Falls

Die Wanderung zum Tahquitz Canyon und den Tahquitz Falls ist im Winter und Frühjahr, in der Regensaison, am schönsten. Der Wasserfall wird von der Schneeschmelze des San Jacinto Gipfels gespeist. Der drei Kilometer lange Rundgang beginnt beim Kultur- und Besucherzentrum, das einen informativen Kurzfilm zur Umgebung und den Native Americans sowie kulturelle Ausstellungen bietet. Hier starten auch die kostenlosen, begleiteten Touren, die in der kühleren Hauptsaison um acht, zehn, zwölf und 14 Uhr angeboten werden. Am Wochenende wird es leider oft voll im Tahquitz Canyon.

Der Ranger erzählt seinen Gästen auf der zweieinhalb Stunden langen Wanderung interessante Geschichten über das Leben und die Historie des Stammes. Sie lernen viel über die einheimischen Pflanzen und wie sie als Nahrungs- und Heilmittel benutzt werden. Antike Felsmalereien, Ruinen und weitere historische Denkmale werden den Besucherinnen und Besuchern näher gebracht. Der Pfad selbst ist steinig, uneben, sandig und er steigt über teils steile Felsstufen gute hundert Meter an. Vernünftiges Schuhwerk oder besser Wanderstiefel sind ein Muss. Am Wasserfall machen alle Pause, viele gehen gerne zur Erfrischung in den natürlichen Pool.

Totem beim Trading Post von Palm Canyon

Etwas weiter südlich liegt der Eingang zu den Indian Canyons. Hier kann man zwischen mehreren Wanderungen wählen, von kurz und einfach bis schwierig wie der Hahn Buena Vista Trail – fast 20 Kilometer durch Wüste und Berge, mit einem Höhenunterschied von 584 Metern. Dafür wird man ganz oben auf den Santa-Rosa-Bergen mit einem eindrucksvollen Rundumblick über die Wüste und die umliegenden Berge belohnt.

Wunderschön, abwechslungsreich und ganz entspannend ist der Weg im Andreas Canyon: 1,6 Kilometer einem Bach entlang, mit interessanten Felsformationen und vielen kalifornischen Fächerpalmen.

Schattig und frisch bleibt es im Andreas Canyon.

Blick auf Palmenhaine in den Andreas und Murray Canyons

Auf der anderen Seite des Parkplatz beginnt die etwas längere Wanderung im Murray Canyon, die 6,4 Kilometer durch eine Reihe von Palmenoasen und Wüstenstrecken führt und an den Seven Sisters Falls endet. Von dort aus geht es auf dem Coffman Trail durch die Wüste gemütlich zum Parkplatz zurück. Der zu bewältigende Höhenunterschied beträgt nur 137 Meter. Im Murray Canyon ist es auch an Wochenenden ruhig.

Auf jeden Fall sollte man bis zum Trading Post fahren und den Palm Canyon aus der Höhe besichtigen oder hier eine Wanderung unternehmen. Der Palm Canyon ist 24 Kilometer lang und führt bis zur SR-74, aber der interessante Teil ist die erste Meile. Sie gehen durch den größten Fächerpalmenhain der Welt!

INFO

Lage: Der Tahquitz Canyon und die weiteren Canyons liegen direkt hinter Palm Springs auf dem Reservat der Agua Caliente Band of Cahuilla Natives; Tahquitz Canyon: 500 West Mesquite Avenue, Palm Springs, CA 92264; Indian Canyons: 38515 South Palm Canyon Drive, Palm Springs, CA 92264

Anfahrt: Die Einfahrt zum Tahquitz Park befindet sich am Ende von West Mesquite Avenue, die von Palm Canyon Drive abzweigt. Indian Canyons ist am Ende des Palm Canyon Drive.

Aktivitäten:

- Tahquitz Canyon: 7:30 bis 17 Uhr, Juni bis August nur Freitag bis Sonntag; Wanderpfade ab 15:30Uhr geschlossen; 12,50 USD, Kinder (6 bis 12 Jahre) 6 USD
- Indian Canyons: September bis Juni täglich 8 bis 17 Uhr, Juni bis August nur Freitag bis Sonntag. Letzter Einlass 16 Uhr; 9 USD, Kinder (6 bis 12 Jahre) 5 USD

Unterkünfte:

- Agua Caliente Resort Casino Spa Rancho Mirage: 32-250 Bob Hope Drive, Rancho Mirage, CA 92270, *aguacalientecasinos.com*
- Agua Caliente Casino Palm Springs: 401 East Amado Road, Palm Springs, CA 92262, *sparesortcasino.com*

Websites:

- *tahquitzcanyon.com*
- *indian-canyons.com*

Hinweise:

- Die Ranger kontrollieren die Vorbereitungen der Wanderer. Jede Person muss mindestens einen Liter Trinkwasser dabei haben, um Zugang zum Tahquitz Trail zu bekommen.
- Die Wanderung im Tahquitz Canyon wird als moderat bis schwierig eingestuft. 40 Zentimeter hohe, unebene Felstreppen sind zu erklimmen.
- Die benachbarten Indian Canyons bieten ebenfalls landschaftlich sehr reizvolle Wanderungen, die größtenteils leichter sind.
- Keine WCs
- In dem indianischen Trading Post werden einfache Schnellgerichte und Andenken verkauft. WCs vorhanden.

44. Wandern auf der San Andreas Fault: im Naturschutzgebiet bei Thousand Palms

Die San-Andreas-Spalte ist Teil eines komplexen Systems von geologischen Störungen an der Pazifische Platte und der Nordamerikanischen Platte, die hier zusammentreffen. Im Norden verbindet sich die San-Andreas-Verwerfung mit der Mendocino-Bruchzone, im Süden wird sie beeinflusst durch vulkanische Aktivitäten im Golf von Kalifornien. So ist das Gebiet etwa hundert Kilometer breit und 1300 Kilometer lang.

Blick auf 1000 Palms Oase vom Westen

Die Coachella Valley Nature Preserve liegt in diesem Gebiet. Die grünen Palmoasen in der Wüste sind nichts anderes als natürliche Öffnungen des Bodens. Grundwasser hat durch Risse Zugang zur Oberfläche. Die saftigen Oasen bilden die Auen, die mit ihren Teichen, Bächen und Schwemmgebieten Lebensraum für seltene und häufig einzigartige Tiere bietet. Die Preserve wurde gegründet, um die nur hier lebende Coachella-Valley-Eidechse zu schützen, die in den Dünen am Südende des Naturschutzgebiets lebt. Wandervögel nutzen das Gebiet. Auch die typische Kalifornische Washingtonpalme, die die einzige einheimische Palme ist, verdankt ihre Existenz den Rissen im Erdgraben. Die Schlammfluten, die während der Regenstürme die reiche Erde der Oasen aufneh-

Das Besucherzentrum

men und in den Sanddünen ablagern, sind essenziell für das ganze Ökosystem.

Besucher genießen die exotische Landschaft, die angenehme Luftfeuchtigkeit und den Schatten, der in der Wüste sonst schwer zu finden ist. Die Thousand Palms und McCallum Oasen sind nur ein kleiner Teil des riesigen Naturschutzgebiets und werden vom Center for Natural Lands Management verwaltet.

Vom kleinen Parkplatz geht es direkt in den zentralen Teil der Oase mit dem kleinen Besucherzentrum. Hier befinden sich die einzigen WCs des Gebiets. Man hat die Auswahl an mehreren Wanderwegen. Die beliebteste Strecke ist der McCallum-Moon-Country-Rundweg, der am Eingang beginnt. Es ist eine mittelschwere Tour,

Stege erlauben, den Kern der Oase zu erleben.

Palmenhain im Naturzustand

6,6 Kilometer lang, die am Anfang durch die schattige Oase führt.

Die Thousand Palms Oase ist mit Holzstegen ausgebaut, die es Besuchern erlaubt, trockenen Fußes mitten durch die Oase zu laufen. Nur an der McCallum Oase hat man Zugang zum Ufer des Teichs. Bänke laden zum Ausruhen ein. Wer genauer hinschaut, erspäht im Wasser die winzigen Blauen Wüstenfische. Zwischen den beiden Oasen geht es etwas auf und ab auf sandigen Wegen, die in einer typischen Wüstenlandschaft liegen.

Beim McCallum Pond haben Sie die Auswahl, aus der Wanderung einen Spaziergang zu machen und wieder zurück zu gehen, dann sind es drei Kilometer insgesamt, oder weiter Richtung Westen auf dem Moon Country Trail zu wandern. Sein Name ist eine perfekte Beschreibung der Wüstenlandschaft. Teils geht es sanft bergauf, und einzigartige Aussichten laden zum Fotografieren ein. Der Weg führt wieder zurück zum McCallum Trail. Alle Wege sind gut ausgeschildert.

Ein Spaziergang ist der Squaw Hill Trail, nur einen Kilometer lang, direkt bei der Thousand Palms Oase, der durch die Oase und dann östlich in eine hügelige Wüstenlandschaft zur Anhöhe führt. Unterwegs findet man auch Picknicktische und Bänke. Der Name könnte sich bald ändern, denn „Squaw" ist ein Wort mit sehr negativer Belastung.

Auf der anderen Straßenseite der Thousand Palms Canyon Road hat man weitere Möglichkeiten zu teils einfachen, teils längeren

Wanderungen namens Indian Palms Trail, Pushawalla Palms Loop, Hidden Horseshoe, Hidden Palms und Horseshoe Trail, die sich auch beliebig kombinieren lassen. Auf dem Pushawalla-Palms-Rundweg hart man die besten Aussichten vom Kamm der Indio Hills auf die gesamte tiefere Wüste und die umliegenden Bergketten.

Erhobene Stege bieten neue Perspektiven.

INFO

Lage: Vom I-10 E, Ausfahrt 131 ist es nur zehn Minuten Fahrt zur Oase in den Indio Hills, mit Sicht auf den südlichen Teil des Joshua Tree National Park, 29200 Thousand Palms Canyon Road, Thousand Palms, CA 92276

Anfahrt: Die Thousand Palms Canyon Road erreicht man von Dillon Road im Norden und Ramon Road im Süden.

Öffnungszeiten: Mittwoch bis Sonntag von 8 bis 17 Uhr, letzter Eintritt um 16 Uhr

Eintritt: Es wird eine Spende erbeten, 5 USD pro Person ist angebracht.

Website: *cnlm.org/portfolio_page/coachella-valley*

Hinweise:

- Das Naturschutzgebiet wird von einer Non-Profit-Organisation verwaltet. Öffnungszeiten ändern sich kurzfristig, je nach Bedarf des Naturschutzes und Arbeitsplan der Wissenschaftler. Bitte aktuelle Zeiten auf der Webseite prüfen.
- Die Auen sind ökologisch wichtige Gebiete, die geschützt sind. Alle Anweisungen und Einschränkungen sind ausgeschildert und müssen befolgt werden.
- Die beste Jahreszeit ist Oktober bis Mai.

45. Desert X: einmaliges Kunsterlebnis im Coachella Valley

Künstler und Fans beschreiben Desert X als eine einzigartige Kunsterfahrung. 2017 zum ersten Mal präsentiert, ist Desert X sehr schnell zu einem Reiseziel der Kunstliebhaber geworden. Das Ereignis findet nur alle zwei Jahre statt und dauert zwei Monate, bevor die meisten Kunstwerke wieder wie eine Fata Morgana aus der Wüste verschwinden. Ein bis zwei Dutzend etablierte und junge Künstler werden von der Non-Profit-Organisation zur Teilnahme eingeladen.

Die Outdoor-Kunstausstellung mit ortsspezifischen Installationen hat sich zu einer der größten Veranstaltungen in der südkalifornischen Wüste entwickelt. Desert X lädt Kunstliebhaber und Kulturkenner ein, erstaunliche, visuelle Werke an unerwarteten Orten zu entdecken – in der Wüste, neben Parks und sogar an den Wänden von Gebäuden.

„The Passenger" 2021

Die meisten Werke sind sehr groß, einige wie Eduardo Sarabias „The Passenger" aus 2021 laden zum Durchlaufen ein. Die Installation, ein massives Labyrinth in Form einer Pfeilspitze aus gewebten Palmenfaserwänden, stellte die Wüste als Grenze auf dieser Reise dar. „Never Forget –Indianland", auch aus dem Jahr 2021, das visuell an das berühmte Hollywood-Zeichen angelehnt war, war Nicholas Galanins Aufforderung an die weißen Pioniere, die Native Americans als wirkliche Herren des Landes anzuerkennen. Galanin selbst ist ein Native aus Alaska. Alle Werke betrachteten die Wüste durch das Spektrum Geschlecht, Rasse, Migration, Gebiete und Geschichte der Native Americans, mit einem Schwerpunkt auf Umweltgerechtigkeit. Der größte Teil des Landes in und um Palm Springs herum gehört den Cahuilla Native Americans. Die Organisation Desert X möchte durch das Event internationale Aufmerksamkeit für die Belange der Natives bekommen und einen internationalen Austausch anregen.

„Indianland", 2021

Besucher sind aufgefordert, die Kunstwerke als ein selbst organisiertes Event zu erfahren. In der Desert X Mobile App sind alle Werke mit Adressen aufgeführt, und Fahranweisungen sind mit einem Klick erhältlich. 2021 befanden sich viele Werke im Zentrum von Palm Springs. Andere standen in der offenen Wüste. Auch in der gepflegten Gartenanlage des Sunnylands-Konferenzzentrums, wo die meisten amerikanischen Präsidenten Staatstreffen abgehalten haben, wird immer ein Werk präsentiert. Palm Desert, La Quinta, Desert Edge und Desert Hot Springs sind weitere Standpunkte. Einige Objekte sind begehbar und zum Anfassen gemacht. Da verbindet sich Kunst mit Sport, denn besonders die Werke in den Hügeln bei Desert Edge sind nur mit einer Wanderung erreichbar.

„Jackrabbit, Cottontail & Spirits of the Desert", 2019

INFO

Lage: in Palm Springs und Umgebung im Coachella Valley

Unterkunft:

- The Saguaro, 1800 E. Palm Canyon Drive, Palm Springs, CA 92264, *thesaguaro.com*

Website: *desertx.org*. Hier finden Sie die Locations der Kunstwerke. Noch einfacher ist die App Desert X Mobile (für iOS und Android)

San Diego

Luftaufnahme von Liberty Station

San Diego

46. Little Italy: Geheimtipp fürs Nachtleben
47. Grenze mit Schlagzeilen: San Ysidro – Tijuana
48. Liberty Station: neues, schickes Stadtviertel
49. Prost! Craftbier-Hauptstadt der USA
50. Barrio Logan: Comeback eines Viertels

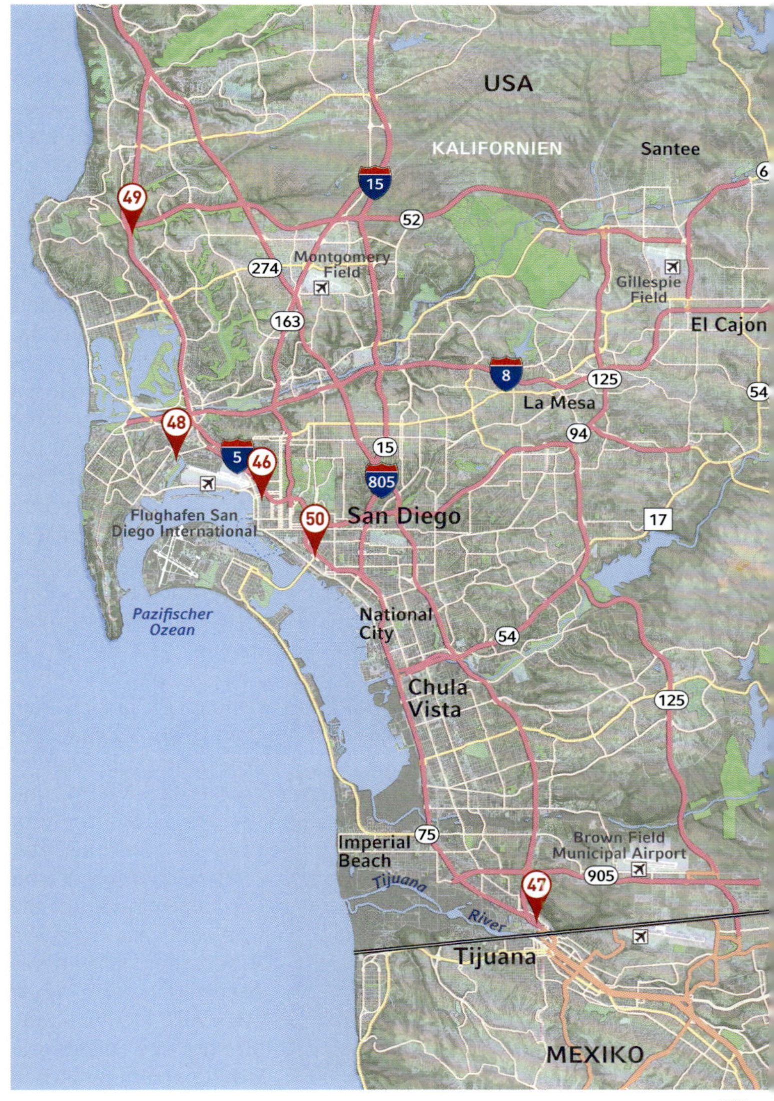
USA
KALIFORNIEN
Santee
15
52
49
274
Montgomery Field
Gillespie Field
163
El Cajon
8
125
La Mesa
54
48
94
5
46
15
805
San Diego
50
17
Flughafen San Diego International
Pazifischer Ozean
National City
54
Chula Vista
125
75
Imperial Beach
Brown Field Municipal Airport
905
Tijuana River
47
Tijuana
MEXIKO

46. LITTLE ITALY: GEHEIMTIPP FÜRS NACHTLEBEN

San Diego boomt. Was einmal eine an Kultur und Attraktionen arme Stadt war, steht heute an sechster Stelle aller Touristenziele der USA, sogar vor Honolulu. Die zahlreichen Touristen in der Stadt und vor allem im beliebten Gaslamp Quarter haben dazu geführt, dass die Bewohner San Diegos das westlich von Downtown liegende Little Italy zum Ausgehviertel erkoren haben.

Obwohl Little Italy erst innerhalb der letzten 20 Jahre renoviert und wiederbelebt wurde, ist es ein ursprüngliches Viertel. Die italienische Gemeinde ist authentisch und lebt seit über hundert Jahren vor Ort. Als die Thunfischindustrie in den 1960er-Jahren ihren Höhepunkt erreichte wohnten über 6000 italienische Familien hier. 40.000 Menschen arbeiteten in der Thunfisch-Fischerei: auf den Booten, in den vier Konservenfabriken und im Verkauf. Starke Fangeinschränkungen beendeten jedoch den Boom. Der Ausbau der Autobahn I-5 durchschnitt das Viertel und hat es fast zerstört. Erst 20 Jahre später taten sich viele Familien zusammen, um die Gemeinde zu retten. Die Arbeit der Little Italy Association gilt heute als Vorbild für eine erfolgreiche Wiederbelebung einer ethnischen

Das Little Italy-Zeichen

Piazza della Famiglia

Nachbarschaft. Das Little Italy in San Diego ist das größte der USA, mit knapp 50 Häuserblocks.

Beliebtes Fotomotiv: der rote Riesenstuhl

Das Viertel ist ideal zum Schlendern und Ausgehen. Alles ist bequem zu Fuß zu erreichen. Auf dem Kettner Boulevard, der auch den Spitznamen „Top Chef Alley" hat, findet man mehrere renommierte Restaurants. Herb & Eatery und Herb & Wood, Kettner Exchange, Juniper & Ivy, Zinqué und die älteste Bar der Stadt, Waterfront Bar & Grill, die seit 1934 die Tür offen hat und damals wirklich noch am Hafenufer lag, bestechen alle durch Design, Stil, Atmosphäre, Cocktails und Küche.

An der India Street liegen die meisten italienischen Restaurants, mehrere direkt am Piazza della Famiglia, wo auch ein riesiger roter Stuhl und das Little-Italy-Zeichen zu finden sind. Mama Filippi's ist die beliebteste Pizzeria. Wenige Schritte weiter westlich liegt das beste Steakhouse, Born & Raised. Im hinteren Teil kann man den Schlachtern beim Schneiden der hauseigenen Tomahawk Steaks zuschauen. Im ersten Stock bietet eine Bar einen tollen Blick auf Downtown San Diego. Reservieren Sie auf jeden Fall mehrere Wochen vorher! Das älteste Haus des Viertels, das A.W. Pray House, wurde 1888 gebaut. Hier befindet sich die Weinbar M Winehouse.

Nonna Restaurant auf India Street

Piazza Basilone an India Street

Samstags von acht bis 14 Uhr findet der wöchentliche Mercato an der Date Street, Ecke India Street statt, auf dem über 200 Stände frisches Obst, Gemüse, Backwaren, Pflanzen, Blumen, Kunstgewerbe und zubereitetes Essen verkaufen.

Kurios ist der Amici Park. Hier sind Tische mit rot-weiß karierten „Tischdecken"-Glasmosaiken aufgestellt, darauf Teller voller „Zutaten" und Tafeln mit dem Rezepten in erhobener Schrift. Die Skulpturen-Installation heißt „Ein Rezept für Freundschaft" und wurde 2001 von Nina Karavasiles geschaffen. Nehmen Sie ein leeres Blatt Papier und einen Buntstift mit, um ein Rezept abzurubbeln.

Amici Park lädt zum Verweilen ein.

Weiter westlich liegt der Waterfront Park, wo verschiedenartige Festivals stattfinden. Den Event-Kalender finden Sie auf der Website *sandiego.org*.

Laden Sie sich auch die Little Italy San Diego App herunter, in dieser finden Sie viele Anregungen, wie eine Fototour, eine historische Tour, Shopping Tipps, besondere Veranstaltungen und mehr.

Globus-Brunnen an Piazza Basilone

INFO

Lage: Little Italy liegt im Stadtzentrum von San Diego. Das Zentrum befindet sich entlang India Street und Kettner Street, zwischen den Querstraßen Ash Street im Osten und Laurel Street im Westen.

Anfahrt: Am besten kommen Sie zu Fuß, Parkplätze sind knapp und teuer. Diverse Stadtbusse und die Green Line Trolley halten in Little Italy.

Unterkunft:

- Humphrey's Half Moon Inn: Hotel mit Freiluftkonzerten am Ufer und Restaurant; 2303 Shelter Island Drive, San Diego, CA 92106, Tel. +1 619 224 3411, *halfmooninn.com*

Websites:

- *sandiego.org/explore/downtown-urban/little-italy.aspx*
- *littleitalysd.com/*

Hinweise:

- San Diego hat viele Obdachlose. In Little Italy sollte man die Gegend entlang der Bahngleise vermeiden. India Street und Kettner Street werden patrouilliert.
- Die App „Little Italy San Diego" listet aktuelle Tipps und Angebote auf. Unter „Tours & Trails" findet man diverse Fußgängertouren.

47. Grenze mit Schlagzeilen: San Ysidro – Tijuana

Das Thema „Grenze" kommt ständig in den amerikanischen Nachrichten vor, und die Meinungen zur Einwanderung und der Grenzmauer spalten die Amerikaner. In San Diego und Tijuana gehört die Grenze zum täglichen Leben. Die gemeinsame Geschichte der Kalifornier auf beiden Seiten sowie die gegenseitige wirtschaftliche Abhängigkeit führen zu einem Zusammengehörigkeitsgefühl der Bewohner. Die Satellitenaufnahme zeigt es am besten: Gäbe es die willkürliche Grenze nicht, wäre das kombinierte Stadtgebiet eine Metropole von mehr als sechseinhalb Millionen Menschen.

San Ysidro ist der größte Landgrenzübergang der Welt. Hier leben 40 Prozent der gesamten Grenzbevölkerung der USA und Mexikos. Der verkehrsreichste Grenzübergang der westlichen Hemisphäre muss etwa 120.000 Pkw und 63.000 Fußgänger täglich verkraften. Die Einreise in die USA kann drei bis vier Stunden dauern. Gen

Einfahrt nach Mexico

Süden geht es schneller, obwohl die mexikanischen Zoll- und Grenzbeamten nach illegalen Waffen und Drogen suchen. Das Schmuggeln illegaler Waren geht in beide Richtungen.

Fußänger strömen in die USA.

Tijuana ist weltweit führend in der Herstellung von medizinischen Geräten und Mexikos Zentrum für Luft- und Raumfahrt, Elektronik und Verteidigung. Viele Verwaltungsgebäude liegen auf der US-Seite der Grenze. In Tijuana gibt es fast 700 Export- und Auftragsproduktionsanlagen, die erstklassigen Qualitätsstandards entsprechen. San Diegos Cluster aus Biotechnologie, Pharmazie, Biomedizin, Software und Kommunikation trägt wesentlich zu einer innovativen Wirtschaft bei, die über 400.000 Arbeitsplätze schafft – 30 Prozent dieser Arbeitsplätze befinden sich in Tijuana.

Auf beiden Seiten der Grenze finden sich große Landwirtschaftsbetriebe. Erdbeeren, Rosenkohl, Melonen, Brokkoli und Avocados werden in Lkw-Kolonnen gen Norden exportiert.

Schon morgens um vier Uhr stehen Autos an der Südseite der Grenze und warten. Viele Mexikaner arbeiten legal im Norden, leben aber im viel günstigeren Tijuana. Schulkinder mit Familienmitglieder im Norden gehen in die besseren amerikanischen Schulen. Amerikaner fahren gen Süden um sich in Tijuana

Verkehrsstau auf mexikanischer Seite

medizinisch versorgen zu lassen, zu einem Bruchteil der amerikanischen Preise. Viele Amerikaner haben Wochenendhäuser am Strand in Baja. Rentner genießen hier ein ruhiges Leben.

Straßenhändler nutzen den Stau auf mexikanischer Seite.

Das Grenzgebiet hat auch seine ganz eigene Kunst- und Musikszene mit Ausstellungen und Konzerten auf beiden Seiten. Events findet man im San Diego Reader. Die Szene spricht „Spanglish", eine Mischung der beiden Sprachen.

Ein Besucher-Magnet ist ein Outlet, das direkt an der Mauer liegt. Von der Fußgängerbrücke, die das Outlet mit dem Grenzplatz verbindet, hat man gute Fotomöglichkeiten, um die 34-spurige Autogrenze und Tijuana einzufangen. Das Outlet bietet zahlreiche Parkplätze, 125 Geschäfte und Restaurants.

Outlet Shopping an der Mauer

Die binationale Metropole auf dem Satellitenbild

INFO

Lage: Das San Ysidro Transit Center ist der Bus- und Trolley-Bahnhof direkt an der Grenze, am Ende von I-5 South, 727 East San Ysidro Boulevard, San Ysidro, CA 92173

Anfahrt: Mit dem Pkw ans Ende von I-5 South, per Trolley, Blue Line, bis zur Endstation San Ysidro Transit Center.

Aktivitäten:

- Las Americas Premium Outlet Mall: 4211 Camino De La Plaza, San Diego, CA 92173, *premiumoutlets.com/outlet/las-americas/about*

Websites:

- *facebook.com/SanYsidroBorder/*
- *sandiegoreader.com/*

Hinweise:

- Sollten Sie mit dem Pkw anreisen, ist es am sichersten, am Einkaufszentrum Las Americas Premium Outlets kostenlos zu parken und die Gegend zu Fuß zu erforschen. Sicherheitsanweisungen beachten!
- Vorsicht, dass Sie nicht versehentlich die letzte Ausfahrt „Camino de la Plaza", die mit Warnschildern ausgestattet ist, verpassen und nach Mexiko hineinfahren!
- Am einfachsten erreicht man die Grenze mit der Blue Line Trolley.

48. LIBERTY STATION: NEUES, SCHICKES STADTVIERTEL

2012 eröffnet, wurde Liberty Station schnell zu einem beliebten Viertel. Das Konzept, aus dem ehemaligen Training Center der US Navy ein buntes Wohngebiet mit Läden, Restaurants, Kunstgalerien und Veranstaltungsräumen zu machen, zog sehr schnell junge Leute und Familien an. Tech-Firmen und Start-ups siedelten sich an. Supermärkte und Arztpraxen, Wellness-Boutiquen und Sportclubs runden das Angebot ab. Wer hier lebt, hat zu Fuß Zugang zu allem, was man im täglichen Leben braucht. Und am Sonntag kann man zum Gottesdienst in die coole Rock Church gehen, die wirklich die beste Musik bietet.

Liberty Station ist besonders reizvoll für Besucher, weil es so unkompliziert ist. Das Parken ist leicht. Die Gegend ist sauber und gepflegt. Da das ehemalige Navy Training Center unter Denkmalschutz steht, ist die eindrucksvolle spanisch-koloniale Architektur

Hauptquartier des Navy Training Center

Kult-Lebensmittelmarkt Tracer Joe's ist auch vor Ort.

erhalten. Das 1,46 Quadratkilometer große Viertel hat Charakter und Ambiente – und ist gut organisiert. Alle Geschäfte und Restaurants findet man in fünf Sektoren: The Marketplace, Ocean Village, NTC Landing, Harbor Square und Fitness Club. In Marketplace sind Gebäude und Straßen fertig und alles sieht ansprechend aus, wohingegen das Bauen und Schaffen in Ocean Village gerade erst losgeht. Das Viertel entwickelt sich ständig weiter, verbunden mit der Hoffnung, das beliebteste Viertel der Stadt zu werden.

Liberty Public Market ist die größte Markthalle in San Diego. Lassen Sie sich von den vielen Kunden nicht abschrecken. Es gibt drinnen wie draußen viele Tische und Sitzgelegenheiten, und alle Restaurants verkaufen Essen zum Mitnehmen. Die Bedienung geht schnell, ohne dass die Qualität der Speisen darunter leidet. Das Essen, egal ob mexikanisch, japanisch, Thai oder amerikanisch, wird mit frischen Zutaten

Im Liberty Public Market

Stone Brewing Restaurant

hergestellt. Nehmen Sie ihr Essen mit in den NTC Park auf der anderen Seite des Parkplatzes und genießen Sie ein Picknick in der Sonne. Dabei können Sie den Einheimischen beim Puppy Paddle Boarding zuschauen. Es gibt hier am Hafen einen Stand Up Paddle Club, der Hunde mit auf die Bretter mitnimmt. Der große Park an der Bucht ist auch ideal für Jogger und Radler.

Wer gemütlicher und länger verweilen möchte, hat die Auswahl an vielen guten Restaurants wie den einheimischen Biergarten Stone Brewing World Bistro and Gardens.

Mehrere Stiftungen und Kunst fördernde Organisationen haben sich zusammengeschlossen, um den Traum eines kulturellen Mekkas zu verwirklichen. Liberty Station unterstützt Liberty Arts. „First Friday" findet jeden ersten Freitag des Monats statt und bietet jedes Mal ein neues Erlebnis; kostenlose Konzerte, ein Museum, Galerien und Ausstellungen sind im Programm. Die Kunstszene in San Diego hat hier einen motivierten Partner und Mäzen gefunden, der die multikulturelle, junge Szene fördert. Der jährliche Art Walk, die größte Veranstaltung dieser Art der Stadt, findet im Ingram Plaza im Arts District Liberty Station statt.

INFO

Lage: Direkt nordwestlich vom Flughafen, 15 Minuten Fahrt von Downtown, 2820 Historic Decatur Road, San Diego, CA 92106

Anfahrt: Von Downtown über I-5 North, Ausfahrt 18a, Pacific Highway. Dann links auf die Barnett Avenue, über Rampe links abbiegen in Gate 1 der Liberty Station. Von Los Angeles kommend über I-5 South, Ausfahrt 20 auf I-8 East in Richtung El Centro. Rechts halten, Rampe in Richtung Rosecrans Street nehmen, dann Camino del Rio West, der zur Rosecrans Street wird. Links in die Lytton Street, rechts in das Gate 1 der Liberty Station einbiegen.

Öffnungszeiten: Park und Stadtviertel sind immer offen

Website: *libertystation.com*

49. Prost! Craftbier-Hauptstadt der USA

155 Craftbier-Brauereien im San Diego County geben der Stadt das Anrecht auf den Titel „Craftbier-Hauptstadt der USA". Warum ausgerechnet San Diego? Vielleicht, weil es hier mehrere Universitäten, aktives Militär und zahlreiche Touristen gibt – viele durstige Personen, die bei dem fast immer schönen Wetter gerne mit einem „kühlen Blonden" zusammen sitzen. In San Diego trinkt man Bier und feiert das Getränk mit Festivals mehrmals jährlich.

Karl Strauss Biere vom Fass

In San Diego startete die Bewegung mit Karl Strauss Brewing. Karl hat eine deutsche Verbindung. Chris Cramer und Matt Rattner kamen Ende der 1980er-Jahre – in San Diego gab es noch keine Brauerei – auf die Idee, eine Brauereigaststätte zu eröffnen. Chris holte Rat bei seinem Cousin Karl Strauss. Karls Vater war Leiter der Brauerei Feldschlösschen Bräu in Minden. 1939 floh die

Karl Strauss zum Mitnehmen

Familie vor den Nazis, Karl trat in die Fußstapfen seines Vaters und wurde Braumeister und Berater der großen Biermarken im Lande. Er war schon im wohlverdienten Ruhestand, als Chris mit seiner Idee kam. Und wie es so schön heißt: „The Rest is History". Im Februar 1989 wurde die Downtown Brauerei eröffnet. Heute braut Karl Strauss 140 verschiedene, teils saisonale, teils preisgekrönte Biere. Die Brauerei und neun Gaststätten sind auch Vorbild im Umweltschutz.

Die Stadt hat eine historische Verbindung zum Bier. Schon 1896 öffnete die erste Brauerei, bald waren es sieben. Die Prohibition beendete das fröhliche Brauen und Trinken. Erst in den 1960er-Jahren begann der Aufschwung. Kalifornien ist die Wiege der gegenwärtigen Craftbier-Bewegung. 2019 waren fast tausend lokale Brauereien im Staat aktiv. Die Bierszene in San Diego ist eine freundliche Gemeinde. Sie spornen sich gegenseitig zur Kreativität an.

Lieferung bei Karl Strauss Downtown

Neu und beliebt: Bivouac Adventure Lodge

Frauen sind in dem traditionell männlichem Braugeschäft groß im Kommen. Ganz vorn in den „Women powered"-Brauereien ist Bivouac Ciderworks Adventure Lodge, 2017 von Lara Worm und einem Partner gegründet. Apfelwein ist trendig und Laura ist die erste in San Diego, die erfolgreich eine Brauerei aufbaut. Alle Teammitglieder sind passionierte Abenteurer.

Das Konzept von Bivouac – „Lebe Dein Abenteuer" – verbindet eine Gemeinde von aktiven, positiven Menschen mit dem Brauen in der 530 Quadratmeter großen Lodge, die ein Restaurant mit 240 Fasszapfen, einen kleinen Laden, ein Café und ein exklusives Speakeasy bietet. Adventure Lodge hat auch Craftbiere, Weine und gemischte Cocktails auf der Karte sowie eine hervorragende

Acht-Apfelweine-Verkostungsflug

Küche. Die Lodge bietet Touren der Brauerei und Apfelwein-Verkostungen mit der liebevollen Betreuung des Pommeliers.

Border X Mujeres Brew House im Barrio Logan hat es sich ebenfalls zur Aufgabe gemacht, Frauen einen Platz im Brauereiwesen zu verschaffen. Natürlich empfangen auch andere Brauereien Gäste mit offenen Armen: Zu den legendären Brauereien vor Ort gehören Ballast Point, Stone Brewing und Border X Brewing, das die innovativsten Rezepte, basierend auf mexikanischen Bieren, bietet. Auch die mexikanischen Brauer haben deutsche Wurzeln.

INFO

Lage: diverse Punkte in der Stadt und im Landkreis San Diego

Karl Strauss Pubs: Kleiner Tipp: Fragen Sie nach „Small Batch Beer"! Ungefähr alle zwei Wochen servieren die Braumeister ein neues Rezept, das nur in sehr kleiner Menge hergestellt wird.

- Karl Strauss Brew Pub Downtown San Diego: 1157 Columbia Street, San Diego, CA 92101, *karlstrauss.com/visit/downtown-san-diego*
- Karl Strauss Brew Pub Sorrento Mesa: 9675 Scranton Road, San Diego, CA 92121, *karlstrauss.com/visit/sorrento-mesa/*
- Bivouac Ciderworks Adventure Lodge: 3986 30th St San Diego, CA 92104, *https://www.bivouaccider.com/*

Weitere Bier-Gaststätten und Biergärten:

- *ballastpoint.com*
- *stonebrewing.com*
- *borderxbrewing.com*
- *facebook.com/mujeresbrewhouse*

Websites:

- *sdbeer.com*
- *sandiego.org/articles/breweries/san-diego-breweries.aspx*

Hinweis: Kalifornien hat strenge Promillegrenzen für Autofahrer: 0,8 Promille

50. Barrio Logan: Comeback eines Viertels

Bewohner von San Diego schütteln den Kopf, wenn sie die hohen Immobilienpreise des Barrio Logan sehen. Die kleinen Häuser kosten zwischen 700.000 und 800.000 Dollar und gehen weg wie warme Semmeln. Apartmentgebäude sprießen auf alten Grundstücken. Ein klares Indiz: Barrio Logan wird neu entdeckt.

Wandkunst im Chicano Park

Die Künstler- und Aktivisten-Szene hat dies schon länger festgestellt und investierte ins Viertel. Künstlerin Isabel Dutra und Ehemann, der Architekt James Brown, wählten das Barrio für ihre trendige Cross-Border-Kunstgalerie Bread and Salt. Zwei Latino-Bierbrauerinnen starteten im Sommer 2020 mit dem Mujeres Brew House, das Braukunst und von Frauen geführte, kleine Unternehmen fördert. Das Por Vida Cafe auf der Logan Avenue serviert seit 2015 Kunst und lokal gerösteten, fair gehandelten Bio-Kaffee mit mexikanischer Note wie den Dulce de Leche Latte. Nur drei Beispiele, die die Szene hier gut beschreiben.

Frida Kahlo wird verehrt.

Das nach dem Politiker John Logan benannte Viertel entstand um 1880 und war zur Jahrhundertwende eine der ersten etablierten Wohngegenden der Stadt, mit direktem Zugang zum Strand der San Diego Bay. Ab 1910 zogen viele Mexikaner ein. Innerhalb weniger Jahre war die Mehrheit spanischsprachig, und das Viertel wurde „Barrio" genannt. Im Zweiten Weltkrieg übernahm die US Navy die Küste und den Strand. Das Barrio verfiel. 1969 setzte die Stadt den Anwohnern die Betonpfeiler der Coronado Bridge vor die Nase, mit dem Versprechen, einen Park zu schaffen. Aber die Einwohner merkten schnell, dass statt des Parks ein Verwaltungsgebäude auf dem Bauplan stand und protestierten dagegen. Die zwölftägige Besetzung die Baustelle und der friedliche Aufstand machte Schlagzeilen.

Kunstwerke werden erhalten, neue kommen hinzu.

Der Kunstmaler Salvador Torres begann, die Betonpfeiler mit mexikanischer Kunst zu verschönern. Dies war der Beginn des jetzigen Barrio Logan, ein Künstler- und Aktivistenviertel, dessen Bewohner zusammenhalten und arbeiten, um das Viertel zu verbessern.

Altar-Kunst ehrt Ahnen.

Die 79 Wandmalereien im Chicano Park laden jederzeit zum Besuch ein. An Wochenenden finden hier häufig weitere kulturelle Veranstaltungen statt, zum Beispiel jeden zweiten Samstag des Monats der Barrio Logan Art Crawl. Die kostenlose, selbst geführte Tour besteht aus Wandmalereien, offenen Studios, Galerien und lokalen Unternehmen im gesamten Barrio Logan Cultural District. Man erlebt Kunst, Livemusik, Essen, Straßenhändler und vieles mehr.

Zur Chicano-Kunstszene gehört ebenso „La Ranfla", das klassische Lowriderauto. Die La Vuelta Car Cruise ist eine Lowrider-Serie und findet jeden zweiten Mittwochabend in den Sommermonaten statt.

„Foodie Fridays" finden von April bis Oktober jeden Freitag von 16 bis 19 Uhr statt. Die ansässigen Restaurants und Cafés schlagen Zelte und Stände auf der Straße auf und verkaufen Proben ihrer Kost; eine tolle Gelegenheit die authentischen Gerichte auszuprobieren.

Selbstverständlich finden Sie hier auch das beste mexikanische Essen. Mit authentischen Gerichten lockt Las Cuatro Milpas. Das Familienrestaurant serviert seit 1933 hausgemachte frische Küche und Tortillas. Etwas weiter südlich auf Logan Avenue liegt ¡Salud!

Der angesagte Taco-Laden hat mehr als 33.000 begeisterte Anhänger auf Instagram.

Barrio Logan verkörpert Zeitgeist und das essenzielle Leben in San Diego: Cross-border Kunst und Kultur, eine innovative Feinschmeckerszene und eine integrierte Gemeinde, die lokale, zukunftsfähige, faire Wirtschaft fördert.

La Vuelta Car Cruise

INFO

Lage: Südöstlich von Downtown, entlang der I-5.
Der Chicano Park liegt an der Logan Avenue zwischen Cesar E. Chavez Parkway und South Evans Street.

Anfahrt: Ausfahrt 14B vom I-5 South oder North, Cesar E. Chavez Parkway. Main Street Parking: 1779 Main Street, San Diego, CA 92113. Die San Diego Blue Line Trolley hält an der Barrio Logan Station, fünf Minuten zu Fuß bis zum Chicano Park

Websites:

- *sandiego.org/articles/downtown/barrio-logan.aspx*
- *saludtacos.com/*
- *instagram.com/porvidacafe*
- *las-cuatro-milpas.com/*

Hinweis: Obwohl Barrio Logan gefährlich wirkt, ist die Nachbarschaft wesentlich sicherer als Horton Plaza, Marina, Little Italy und Downtown.

Register

M

N

O

P

R

S

Bildnachweis:
Alle Bilder von Marion Renk-Rosenthal außer 3Jo7 cc by-sa 4.0 S. 148 | Agua Caliente Band of Cahuilla Indians S. 218 | Anne-Ed C pixabay S. 98u | Armanath cc by-nd 0 S. 14o | Barbara Michel S. 195u, 196, 197u, 198 | Bob McClenahan S. 60 | Brian MacStay Photography S. 61 | Brendan McGuigan S. 26, 27, 46, 47o | Carol Highsmith S. 31, 32u | Chensiyan cc by-sa 4.0 S. 14u | Chris Langley/ LPMWFH S. 204-207 | CMSM S. 54-57 | Daniel Rosenthal S. 202 | Dawn Ellmer cc by 2.0 S. 97 | Dcrjsr cc by-sa 3.0 S. 105o | Eric Simon pixabay S. 92/93 | Espeef5 cc by-sa 4.0 S. 105u | Fantastilly cc by-sa 4.0 S. 150 | Fish and Wildlife Service S. 85o, 86u | Frank Schulenberg cc by-sa 4.0 S. 48u, 66 | Fred Moore cc by 2.0 S. 15u | Gary Sexton/ Fine Arts Museums S. 83 | Greater Palm Springs Convention & Visitors Bureau S. 227o | Humboldt Cannabis Tours S. 39-41 | Inn of the Seventh Ray S. 166-169 | Isi Photos S. 89 | Joanne Ong / FWS Volunteer S. 84, 85u, 86o | JohnStanton cc by-sa 3.0 S. 17u | Karl Strauss Brewing Company S. 244, 245 | Kern County Museum S. 140-143 | Kevin Chan S. 77-78 | Kevin Henney S. 90o, 90u | KimberlyMotos S. 246o, 246u | LA Tourism S. 144/145, 175o, 175u | LA Tourism/ Yuri Hasegawa S. 152o, 155 | Lance Gerber, Cara Romero /Desert X S. 227u | Laurie Avocado cc by 2.0 S. 174 u | Liberty Station S. 228/229, 240, 241o | Little Italy Association S. 232u, 233u, 234o, 234u, 235 | Los Angeles Department of Transportion S. 174o | Lucasfilm Ltd S. 67 | Luka Mjeda pixabay S. 18u | Madi Taylor/Wikipedia Commons S. 106o | map4news S. 24, 25, 29, 65, 95, 123, 147, 185, 213, 231 | Matt Johnson/Flickr Commons S. 170 | Mojave Museum S. 186 o, 186u, 188, 189 | Museum Baruther Glashuette und Tuvowski cc by-sa S. 47u | NASA S. 239 | Nathan Coats/N1_Photography S. 208o | NPS S. 136/137, 182/183, 194, 195o, 197o, 208u | NPS/ Brad Sutton S. 217 | NPS/ Denis LeBlanc s. 82 | NPS/ Kirk Wrench S. 80 | NPS/ Kurt Moses S. 134, 135o, 136o, 138 | NPS/ Rebecca Ouvry S. 135u | NPS/ Steven Krause S. 35 | Pappy & Harriet's S. 190, 191u, 192 | Paso Robles Wine Country Alliance S. 132 | Peju Winery S. 59 | Pismo Beach CVB S. 129-130 | RRBC S. 50-53 | San Diego Zoo Global 2020 Ken Bohn S. 19 | San Pedro Fish Market S. 162-165 | SF Travel Association S. 72, 73u, 74-76, 81 | SPFC S. 164 | Stone Brewing Company S. 242 | Surf dogs usa cc by-sa 4.0 S. 22u | Thankyou21millions-views cc by 2.0 S. 22o | traveljunction cc by-sa 2.0 S. 18o | Tuxyso Wikimedia Commons S. 20 | V. Sattui Winery S. 60 | Vicente Villamn cc by-sa 4.0 S. 23 | Visit California S. 33, 34 | Visit California/ Blaise S. 128 | Visit California/ Bongo S. 62, 63, 68, 69u, 70u, 73o | Visit California/Carol Highsmith S. 58, 59, 69o, 70o, 71, 106u | Visit California/ Hub S. 109o, 109u | Visit California/ Max Whittaker S. 104, 108, 110o, 110u | Visit California/Myles McGuinness S. 96, 114o | Visit Ferndale S. 44o, 44u | Visit Half Moon Bay S. 88 | Visit Mendocino S. 48o | Visit San Simeon S. 120/121, 124-126 | Wallula pixabay S. 16 | Wattewyl cc by 3.0. S. 17o | Wende Museum/ Wikimedia Commons S. 172u | Wildlife Learning Center S. 180o, 180u | Wolf Mountain Sanctuary S. 200